大唐西域记

中国佛学经典宝藏

95

王邦维 释译

星云大师总监修

人民东方出版传媒
東方出版社

图书在版编目（CIP）数据

大唐西域记 / 王邦维 释译 . —北京：东方出版社，2018.10
（中国佛学经典宝藏）
ISBN 978 - 7 - 5060 - 8659 - 2

Ⅰ . ①大…　Ⅱ . ①王…　Ⅲ . ①西域—历史地理—唐代②《大唐西域记》—注释③《大唐西域记》—译文　Ⅳ . ① K928.6 ② K935.06

中国版本图书馆 CIP 数据核字（2015）第 251094 号

大唐西域记
（DATANG XIYU JI）

释 译 者：王邦维
责任编辑：王梦楠　杨　灿
出　　版：东方出版社
发　　行：人民东方出版传媒有限公司
地　　址：北京市朝阳区西坝河北里 51 号
邮　　编：100028
印　　刷：北京市大兴县新魏印刷厂
版　　次：2018 年 10 月第 1 版
印　　次：2020 年 10 月第 2 次印刷
开　　本：880 毫米 ×1230 毫米　1/32
印　　张：7.25
字　　数：102 千字
书　　号：ISBN 978 - 7 - 5060 - 8659 - 2
定　　价：42.00 元
发行电话：（010）85924663　85924644　85924641

总序

星云

自读首楞严，从此不尝人间糟糠味；

认识华严经，方知己是佛法富贵人。

诚然，佛教三藏十二部经有如暗夜之灯炬、苦海之宝筏，为人生带来光明与幸福，古德这首诗偈可说一语道尽行者阅藏慕道、顶戴感恩的心情！可惜佛教经典因为卷帙浩瀚、古文艰涩，常使忙碌的现代人有义理远隔、望而生畏之憾，因此多少年来，我一直想编纂一套白话佛典，以使法雨均沾，普利十方。

一九九一年，这个心愿总算有了眉目。是年，佛光山在中国大陆广州市召开“白话佛经编纂会议”，将该套丛书定名为《中国佛教经典宝藏》[①]。后来几经集思广

① 编者注:《中国佛教经典宝藏》丛书，大陆出版时改为《中国佛学经典宝藏》丛书。

益，大家决定其所呈现的风格应该具备下列四项要点：

一、启发思想：全套《中国佛教经典宝藏》共计百余册，依大乘、小乘、禅、净、密等性质编号排序，所选经典均具三点特色：

1. 历史意义的深远性

2. 中国文化的影响性

3. 人间佛教的理念性

二、通顺易懂：每册书均设有原典、注释、译文等单元，其中文句铺排力求流畅通顺，遣词用字力求深入浅出，期使读者能一目了然，契入妙谛。

三、文简意赅：以专章解析每部经的全貌，并且搜罗重要的章句，介绍该经的精神所在，俾使读者对每部经义都能透彻了解，并且免于以偏概全之谬误。

四、雅俗共赏：《中国佛教经典宝藏》虽是白话佛典，但亦兼具通俗文艺与学术价值，以达到雅俗共赏、三根普被的效果，所以每册书均以题解、源流、解说等章节，阐述经文的时代背景、影响价值及在佛教历史和思想演变上的地位角色。

兹值佛光山开山三十周年，诸方贤圣齐来庆祝，历经五载、集二百余人心血结晶的百余册《中国佛教经典宝藏》也于此时隆重推出，可谓意义非凡，论其成就，则有四点可与大家共同分享：

一、佛教史上的开创之举：民国以来的白话佛经翻译虽然很多，但都是法师或居士个人的开示讲稿或零星的研究心得，由于缺乏整体性的计划，读者也不易窥探佛法之堂奥。有鉴于此，《中国佛教经典宝藏》丛书突破窠臼，将古来经律论中之重要著作，做有系统的整理，为佛典翻译史写下新页！

二、杰出学者的集体创作：《中国佛教经典宝藏》丛书结合中国大陆北京、南京各地名校的百位教授、学者通力撰稿，其中博士学位者占百分之八十，其他均拥有硕士学位，在当今出版界各种读物中难得一见。

三、两岸佛学的交流互动：《中国佛教经典宝藏》撰述大部分由大陆饱学能文之教授负责，并搜录台湾教界大德和居士们的论著，借此衔接两岸佛学，使有互动的因缘。编审部分则由台湾和大陆学有专精之学者从事，不仅对中国大陆研究佛学风气具有带动启发之作用，对于台海两岸佛学交流更是帮助良多。

四、白话佛典的精华集萃：《中国佛教经典宝藏》将佛典里具有思想性、启发性、教育性、人间性的章节做重点式的集萃整理，有别于坊间一般“照本翻译”的白话佛典，使读者能充分享受“深入经藏，智慧如海”的法喜。

今《中国佛教经典宝藏》付梓在即，吾欣然为之作序，并借此感谢慈惠、依空等人百忙之中，指导编修；吉广舆等人奔走两岸，穿针引线；以及王志远、赖永海等大陆教授的辛勤撰述；刘国香、陈慧剑等台湾学者的周详审核；满济、永应等“宝藏小组”人员的汇编印行。由于他们的同心协力，使得这项伟大的事业得以不负众望，功竟圆成！

《中国佛教经典宝藏》虽说是大家精心擘划、全力以赴的巨作，但经义深邈，实难尽备；法海浩瀚，亦恐有遗珠之憾；加以时代之动乱，文化之激荡，学者教授于契合佛心，或有差距之处。凡此失漏必然甚多，星云谨以愚诚，祈求诸方大德不吝指正，是所至祷。

一九九六年五月十六日于佛光山

原版序
敲门处处有人应

《中国佛教经典宝藏》是佛光山继《佛光大藏经》之后，推展人间佛教的百册丛书，以将传统《大藏经》精华化、白话化、现代化为宗旨，力求佛经宝藏再现今世，以通俗亲切的面貌，温渥现代人的心灵。

佛光山开山三十年以来，家师星云上人致力推展人间佛教，不遗余力，各种文化、教育事业蓬勃创办，全世界弘法度化之道场应机兴建，蔚为中国现代佛教之新气象。这一套白话精华大藏经，亦是大师弘教传法的深心悲愿之一。从开始构想、擘划到广州会议落实，无不出自大师高瞻远瞩之眼光，从逐年组稿到编辑出版，幸赖大师无限关注支持，乃有这一套现代白话之大藏经问世。

这是一套多层次、多角度、全方位反映传统佛教文化的丛书，取其精华，舍其艰涩，希望既能将《大藏经》

深睿的奥义妙法再现今世，也能为现代人提供学佛求法的方便舟筏。我们祈望《中国佛教经典宝藏》具有四种功用：

一、是传统佛典的精华书

中国佛教典籍汗牛充栋，一套《大藏经》就有九千余卷，穷年皓首都研读不完，无从赈济现代人的枯槁心灵。《宝藏》希望是一滴浓缩的法水，既不失《大藏经》的法味，又能有稍浸即润的方便，所以选择了取精用弘的摘引方式，以舍弃庞杂的枝节。由于执笔学者各有不同的取舍角度，其间难免有所缺失，谨请十方仁者鉴谅。

二、是深入浅出的工具书

现代人离古愈远，愈缺乏解读古籍的能力，往往视《大藏经》为艰涩难懂之天书，明知其中有汪洋浩瀚之生命智慧，亦只能望洋兴叹，欲渡无舟。《宝藏》希望是一艘现代化的舟筏，以通俗浅显的白话文字，提供读者遨游佛法义海的工具。应邀执笔的学者虽然多具佛学素养，但大陆对白话写作之领会角度不同，表达方式与台湾有相当差距，造成编写过程中对深厚佛学素养与流畅白话语言不易兼顾的困扰，两全为难。

三、是学佛入门的指引书

佛教经典有八万四千法门，门门可以深入，门门是无限宽广的证悟途径，可惜缺乏大众化的入门导览，不易寻觅捷径。《宝藏》希望是一支指引方向的路标，协助十方大众深入经藏，从先贤的智慧中汲取养分，成就无上的人生福泽。

四、是解深入密的参考书

佛陀遗教不仅是亚洲人民的精神归依，也是世界众生的心灵宝藏。可惜经文古奥，缺乏现代化传播，一旦庞大经藏沦为学术研究之训诂工具，佛教如何能扎根于民间？如何普济僧俗两众？我们希望《宝藏》是百粒芥子，稍稍显现一些须弥山的法相，使读者由浅入深，略窥三昧法要。各书对经藏之解读诠释角度或有不足，我们开拓白话经藏的心意却是虔诚的，若能引领读者进一步深研三藏教理，则是我们的衷心微愿。

大陆版序一

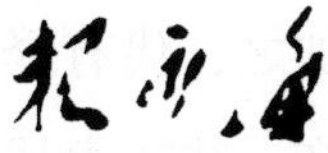

《中国佛教经典宝藏》是一套对主要佛教经典进行精选、注译、经义阐释、源流梳理、学术价值分析，并把它们翻译成现代白话文的大型佛学丛书，成书于二十世纪九十年代，由台湾佛光文化事业有限公司出版，星云大师担任总监修，由大陆的杜继文、方立天以及台湾的星云大师、圣严法师等两岸百余位知名学者、法师共同编撰完成。十几年来，这套丛书在两岸的学术界和佛教界产生了巨大的影响，对研究、弘扬作为中国传统文化重要组成部分的佛教文化，推动两岸的文化学术交流发挥了十分重要的作用。

《中国佛学经典宝藏》则是《中国佛教经典宝藏》的简体字修订版。之所以要出版这套丛书，主要基于以下的考虑：

首先，佛教有三藏十二部经、八万四千法门，典籍浩瀚，博大精深，即便是专业研究者，穷其一生之精力，恐也难阅尽所有经典，因此之故，有“精选”之举。

其次，佛教源于印度，汉传佛教的经论多译自梵语；加之，代有译人，版本众多，或随音，或意译，同一经文，往往表述各异。究竟哪一种版本更契合读者根机？哪一个注疏对读者理解经论大意更有助益？编撰者除了标明所依据版本外，对各部经论之版本和注疏源流也进行了系统的梳理。

再次，佛典名相繁复，义理艰深，即便识得其文其字，文字背后的义理，诚非一望便知。为此，注译者特地对诸多冷僻文字和艰涩名相，进行了力所能及的注解和阐析，并把所选经文全部翻译成现代汉语。希望这些注译，能成为修习者得月之手指、渡河之舟楫。

最后，研习经论，旨在借教悟宗、识义得意。为了将其思想义理和现当代价值揭示出来，编撰者对各部经论的篇章品目、思想脉络、义理蕴涵、学术价值等所做的发掘和剖析，真可谓殚精竭虑、苦心孤诣！当然，佛理幽深，欲入其堂奥、得其真义，诚非易事！我们不敢奢求对于各部经论的解读都能鞭辟入里，字字珠玑，但希望能对读者的理解经义有所启迪！

习近平主席最近指出：“佛教产生于古代印度，但传入中国后，经过长期演化，佛教同中国儒家文化和道家文化融合发展，最终形成了具有中国特色的佛教文化，给中国人的宗教信仰、哲学观念、文学艺术、礼仪习俗等留下了深刻影响。”如何去研究、传承和弘扬优秀佛教文化，是摆在我们面前的一个重要课题，人民东方出版传媒有限公司拟对繁体字版的《中国佛教经典宝藏》进行修订，并出版简体字版的《中国佛学经典宝藏》，随喜赞叹，寥寄数语，以叙因缘，是为序。

二〇一六年春于南京大学

大陆版序二

依空

身材高大、肤色白皙、擅长军事的亚利安人，在公元前四千五百多年从中亚攻入西北印度，把当地土著征服之后，为了彻底统治这里的人民，建立了牢不可破的种姓制度，创造了无数的神祇，主要有创造神梵天、破坏神湿婆、保护神毗婆奴。人们的祸福由梵天决定，为了取悦梵天大神，需要透过婆罗门来沟通，因为他们是从梵天的口舌之中生出，懂得梵天的语言——繁复深奥的梵文，婆罗门阶级是宗教祭祀师，负责教育，更掌控了神与人之间往来的话语权。四种姓中最重要的是刹帝利，举凡国家的政治、经济、军事、文化等等都由他们实际操作，属贵族阶级，由梵天的胸部生出。吠舍则是士农工商的平民百姓，由梵天的膝盖以上生出。首陀罗则是被踩在梵天脚下的土著。前三者可以轮回，纵然几世轮转都无法脱离原来种姓，称为再生族；首陀罗则连轮回的因缘都没有，为不生族，生生世世为首陀罗，子孙也倒霉跟着宿命，无法改变身份。相对于此，贱民比首陀罗更为卑微、低贱，连四种姓都无法跻身其中，只能从事挑粪、焚化尸体等最卑贱、龌龊的工作。

出身于高贵种姓释迦族的悉达多太子，为了打破种姓制度的桎梏，舍弃既有的优越族姓，主张一切众生皆平等，成正等觉，创立了佛教僧团。为了贯彻佛教的平等思想，佛陀不仅先度首陀罗身份的优婆离出家，后度释迦族的七王子，先入山门为师兄，树立僧团伦理制度。佛陀更严禁弟子们用贵族的语言——梵文宣讲佛法，而以人民容易理解的地方口语来演说法义，这就是巴利文经典的滥觞。佛陀认为真理不应该是属于少数贵族、知识分子的专利或装饰，而应该更贴近普罗大众，属于平民百姓共有共知。原来佛陀早就在推动佛法的普遍化、大众化、白话化的伟大工作。

佛教从西汉哀帝末年传入中国，历经东汉、魏晋南北朝、隋唐的漫长艰巨的译经过程，加上历代各宗派祖师的著作，积累了庞博浩瀚的汉传佛教典籍。这些经论义理深奥隐晦，加以书写的语言文字为千年以前的古汉文，增加现代人阅读的困难，只能望着汗牛充栋的三藏十二部扼腕慨叹，裹足不前。

如何让大众轻松深入佛法大海，直探佛陀本怀？佛光山开山宗长星云大师乃发起编纂《中国佛教经典宝藏》。一九九一年，先在大陆广州召开“白话佛经编纂会议”，订定一百本的经论种类、编写体例、字数等事项，礼聘中国社科院的王志远教授、南京大学的赖永海教授分别为中国大陆北方与南方的总联络人，邀请大陆各大学的佛教学者撰文，后来增加台湾部分的三十二本，是为一百三十二册的《中国佛教经典宝藏精选白话版》，于一九九七年，作为佛光山开山三十周年的献礼，隆重出版。

六七年间我个人参与最初的筹划，多次奔波往来于大陆与台湾，小心谨慎带回作者原稿，印刷出版、营销推广。看到它成为佛教徒家中的传家宝藏，有心了解佛学的莘莘学子的入门指南书，为星云大师监修此部宝藏的愿心深感赞叹，既上契佛陀“佛法不舍一众”的慈悲本怀，更下启人间佛教“普世益人”的平等精神。尤其可喜者，欣闻现大陆出版方东方出版社潘少平总裁、彭明哲副总编亲自担纲筹划，组织资深编辑精校精勘；更有旅美企业家鲁彼德先生事业有成之际，秉“十方来，十方去，共成十方事”之襟怀，促成简体字版《中国佛学经典宝藏》的刊行。今付梓在即，是为序，以表随喜祝贺之忱！

二〇一六年元月

目　录

题解　001

经典　027

1　卷五　029

羯若鞠阇国　029

2　卷六　054

劫比罗伐窣堵国　054

拘尸那揭罗国　069

3　卷七　086

婆罗痆斯国　086

4　卷八　108

摩揭陀国（上）　108

源流　185

解说　193

参考书目　203

题解

作者和书名

《大唐西域记》是唐代高僧玄奘撰写的一部伟大著作。“西域”一词，在中国古代，指的是出今甘肃敦煌境内的古玉门关和阳关，迤西广大的一片地域。从汉至唐，在这一地域里，先后存在过大大小小的许多国家。广义的西域，可以包括往西一直到古代地中海的东罗马帝国，几乎没有什么一定的边际。范围稍小一点，则指今天的印度半岛和中亚一带。《大唐西域记》一书记载的，就是玄奘在唐朝初年往印度求法，曾经经历过的这一地域，以印度为主的一百多个国家或者地区的各种情况。这些国家和地区，当时概称为“西域”。《大唐西域记》的书名，便由此而得来。

玄奘本姓陈，名袆，唐代洛州缑氏县陈堡谷（今河南偃师县缑氏镇陈河村）人。玄奘出生的年代，史书中没有明确的记载。晚近的学者，根据各种材料推断，得到的结果不一。比较被人接受的一种说法是在隋文帝开皇二十年（公元六〇〇年）。玄奘是他出家后取的法名。因为他是唐朝人，所以人们又把他称作唐玄奘。在普通老百姓中，往往干脆把他称作“唐僧”。不过，严格地说，唐朝的中国僧人，都可以称作“唐僧”。“唐僧”有许多，玄奘只是其中一位。

玄奘的祖上，在北朝时做过官。他的父亲，也还做过隋朝的江陵县令，不过在隋末因为政治败坏而弃官回到家乡。隋唐时代，佛教在社会上有很大影响，玄奘的全家都信仰佛教。缑氏县离洛阳不远，洛阳有许多著名的佛教寺庙。玄奘的二哥长捷，就在洛阳的净土寺出家。玄奘十岁那年，父亲去世。第二年，二哥把他带到洛阳，教诵佛经。十三岁那年，朝廷派员选拔品学兼优者出家，玄奘因为年幼，本不在候选之列。但他出家心切，自己立于公门之侧。主持考试的大理寺卿郑善果见而奇之，问他是谁家的孩子，想要做什么。玄奘报告了姓氏，说他想出家。郑善果又问他为什么要出家。玄奘回答：“意欲远绍如来，近光遗法。”郑善果大为赞赏，又看玄奘器宇不凡，破例录取了玄奘，并对左右的人说：“诵业易成，风骨难得。若度此子，必为释门伟器。但恐果与诸公不见其翔翥云霄，洒演甘露耳。”玄奘后来的成就证明，郑善果当年的预言不虚。

玄奘出家以后，正式开始学习佛教教义。他天资聪明，加上非常用功，进步很快。当时正值隋末，几年之间，天下大乱，洛阳一带处在战乱的中心。于是玄奘和他二哥离开洛阳，到了长安。再从长安，到了四川的成都。当时战争尚未波及四川。玄奘在四川的几年里，深入学习了许多经典，然后又乘船往东，先后到了湖北、河南、河北等地，最后还回到长安。玄奘每到一处，都访求名师益友，切磋学问。他既虚心向人学习，又注意融会贯通各家之说，有自己的见解。由于学习成绩优异，对佛教教义有敏捷透彻的理解，他当时在长安已被人称作佛门的“千里驹”。

可是，这一切并没能使玄奘感到满足。他的学问愈广博，疑问也愈多。当时，佛教在印度已经有一千多年的历史，不仅早已分为大乘、小乘两派，就是在大乘佛教中也有中观派和瑜伽行派两大分支。在传入中国的各种经典中，大乘的典籍最多，其影响也最大。东晋时从中亚到汉地来的僧人鸠摩罗什，首先系统地把大乘中观派的典籍和学说翻译介绍到中国。南北朝中后期，从印度来华的僧人菩提流支和真谛又把瑜伽行派介绍到中国。通过这些翻译的典籍，中国僧人了解到印度佛教的各派学说，又依照自己的理解对这些学说做了解释和发挥，有的甚至由此创立出新的中国佛教宗派。在唐朝初年，大乘瑜伽行派的学说传入还不久，对中国佛教徒来说，在教义和宗教哲学理论上有许多新的东西尚待认识。玄奘感到，要真正了解印度佛教的理论，必须通解典籍，尤其是原典，光靠一些有限的、不完善的翻译去了解原典是远远不够的。于是，他便萌发了到佛教的诞生地印度去寻求经典、了解佛学底蕴的念头。他尤其想把大乘佛教瑜伽行派的最重要的经典《瑜伽师地论》亲自完整地取回中国。

但是，要去印度实非易事。当时，唐王朝中央政府建立不久，国内的形势还不稳定，北方和西北方的东西两部突厥与唐朝对峙。因此，唐朝政府严禁一般人“出蕃”，通过边境时必须有政府发给的“过所”（通行证）。玄奘约好几位同伴，上表向朝廷申请，可是没有被批准，他只好等待时机。

唐贞观元年（公元六二七年，又一说贞观三年，公元六二九年）秋天，长安一带庄稼歉收，朝廷同意老百姓四出随丰就食。这是一个难得的机会。玄奘趁此机会混入饥民的队伍，离开长安，踏上了西行求法的征途。

从长安出发，玄奘经过秦州（今甘肃天水）、兰州、凉州（今甘肃武威），首先到达瓜州（今甘肃安西）。瓜州这时是从河西往西域去的门户之一。玄奘刚到，不让他出关的追捕牒文也跟着送到了。幸好当地有两位州吏信仰佛教，同情和支持他求法的举动，催他赶紧走。于是，他立即偷渡出关，只身进入古称“八百里沙河”的莫贺延碛。在越过莫贺延碛时，有一次，玄奘四夜五日滴水未沾，险些死在沙漠中。

走出莫贺延碛，玄奘到达高昌。当时高昌的国王麴文泰信仰佛教，热情地接待了玄奘。麴文泰非常敬重玄奘，希望玄奘就留在高昌。玄奘不答应，麴文泰不放他走。玄奘只好用绝食来表示他的决心。最后，麴文泰被感动了，向玄奘谢罪，与玄奘结为异姓兄弟，并帮助玄奘继续向西行。

离开高昌，玄奘经过阿耆尼国、屈支国、跋禄迦国，然后翻越凌山，到达素叶水城，在此见到西突厥的叶护可汗。他由此继续向西行，到达千泉和呾逻私，再折向西南，经过赭时、飒秣建等国，过铁门关，到达睹货逻故地。然后翻过大雪山，即今天的兴都库什山，历尽艰辛，九死一生，这才终于到达了古印度的北部。

古代的印度，在地理上分为东西南北中五个部分，政治上又分为许多小国。公元前五世纪，释迦牟尼创立佛教，是在中印度的摩揭陀国，即今天印度的比哈尔邦。玄奘从北印度，先到中印度。当时，印度最大最有名的佛教寺院是那烂陀寺。这所寺院也在中印度的摩揭陀国，规模宏大，僧侣众多。玄奘当初西行，主要的目的是求取《瑜伽师地论》。那烂陀寺的主持僧人名叫戒贤，在当时就最为精通《瑜伽师地论》。他虽然年事已高，又患有风疾，仍然专门为玄奘开讲这部经典，前后历时十五个月，同时听讲的还有数千人。玄奘先后听了三遍，同时还学习了其他一些重要的佛教经典以及其他的印度典籍。

玄奘在那烂陀寺留学五年，然后又开始了他的长途旅行。他离开那烂陀寺，到东印度，再沿着印度的东海岸到南印度，再绕行西印度，最后还回到中印度摩揭陀国的那烂陀寺。和以前一样，他每到一处，总是先瞻仰朝拜佛教圣址，同时访求有学问的僧人或学者，向他们学习或者共同讨论各种佛教理论著作。玄奘还注意观察各个国家不同的风土人情、物产、气候以及地理、历史、语言、宗教的状况。《大唐西域记》一书，主要就是根据他整个旅行的经历写成的。

经过这一番游学和在那烂陀寺几年悉心的学习，玄奘不仅全面掌握了印度佛教，尤其是大乘佛教瑜伽行派的理论，而且还有自己的创见。他成了戒贤法师最好最优异的学生。于是戒贤让玄奘主持那烂陀寺讲座，为僧人们开讲《摄大乘论》和《唯识抉择论》等典籍。玄奘的讲座，论述精微，说理晓畅，很受大家的欢迎。大乘中观派与瑜伽行派在理论上主张不同，但是玄奘认为两家学说在某些地方可以融合，于是用梵文写成一部三千颂的《会宗论》，表达了他的这一观点。戒贤和其他僧人读了无不称赞。南印度有位小乘僧人写了一部《破大乘论》攻击大乘，玄奘又针锋相对地写了一部一千六百颂的《破恶见论》。

玄奘博学多才的名声很快在印度传开。当时，印度最有势力的国王是羯若鞠阇国的戒日王。戒日王知道了玄奘从中国来，又博学多才，特地约见玄奘。戒日王曾经听说，中国有一种乐曲叫《秦王破阵乐》。见到玄奘，他首先问起此事。玄奘便向他介绍了中国的情况，宣扬唐朝文化，中印两国一度中断的友好关系由此得到恢复。戒日王敬佩玄奘的品德学问，特地在羯若鞠阇国的都城曲女城举行一次大会，请玄奘做“论主”。又邀请了十九位国王、四千多位佛教僧人、两千多位其他教派的信徒参加。玄奘在会上宣读的论文，十八天内没有一个人能够出来反驳。小乘的僧人因此称玄奘为“解脱天”，大乘的僧人则称他为“大乘天”。玄奘的声名，远扬五印度。

玄奘求法取经的目的已经达到，曲女城大会以后，他决定回国。他谢绝了戒日王和其他印度朋友挽留他的好意，带着历年访求到的佛教典籍、佛像等，仍然选择了从中印度到北印度，再到中亚的陆路，起身东归。

唐贞观十九年（公元六四五年）正月二十四日，玄奘终于回到了长安。和他十几年前偷偷出行时的情形大不一样，他受到空前热烈的欢迎。他带回的经典共有六百五十七部，合五百二十策，此外还有许多佛像。唐太宗这时正在洛阳，立即召见他。当时唐太宗非常关心西域的情况，详细询问了玄奘周游各国的见闻，玄奘随问随答，条理清楚。玄奘谈到的见闻，“自雪岭已西，印度之境，玉烛和气，物产风俗，八王故迹，四佛遗踪，并博望（张骞）之所不传，班（班固）、马（司马迁）无得而载”。（《大慈恩寺三藏法师传》卷六）唐太宗非常高兴，对玄奘说：“佛国遐远，灵迹法教，前史不能委详，师既亲睹，宜修一传，以示未闻。”（引文出处同上）意思是希望玄奘撰写一部书，专门记载他在西域各国的见闻。玄奘从洛阳到长安后，一边组建译场，开始大规模地翻译经典，一边由他自己口述，助手辩机执笔，撰写这部书。第二年，也就是贞观二十年（公元六四六年）七月，全书撰成，称作《大唐西域记》，并进呈给唐太宗和朝廷。玄奘为此还写了一道表章，说明他“所闻所履，百有二十八国”。他对这些国家的记载是，“班超侯而未远，张骞望而非博。今所记述，有异前闻。虽未及大千之疆，颇穷葱外之境，皆存实录，匪敢雕华”。这些，都使《大唐西域记》成为空前的一部伟大著作。

当时，唐太宗很想让玄奘还俗做官。可是，玄奘婉言谢绝，表示只想翻译他从印度带回的佛经，真正实现他最初去印度求法的抱负和理想。玄奘的话说得很委婉，但是态度非常坚决。唐太宗最后只好答应，并且表示愿意支持他的译经大业。

玄奘立即开始大规模翻译佛经的工作。从他回国，到唐高宗麟德元年（公元六六四年）去世，十九年间，他前后共译出佛经七十五部，一千三百三十五卷，一千三百多万字。作为一位佛经的大翻译家，玄奘为后人留下的著作，不仅丰富了中国文化的宝库，也为印度保存了大量珍贵文物。

玄奘译经的成绩不仅反映在数量上，还表现在译文的质量上。中国从汉末时开始翻译佛经，前期译人绝大多数是外国来的僧人，或者以外国僧人为主译，中国人助译。外国僧人虽然通解佛经原本的语言，可是往往不大通解汉语，助译的中国人情形则刚好相反，因此译文的质量都不高。有的过于意译，以致失去原意；有的过于直译，中国人又难以理解。玄奘在翻译工作中提出了

“既须求真，又须喻俗”的原则，意思是既要忠实于原文，又要使人易于理解。由于玄奘到过印度，精通佛经的语言，又对佛教教义有很深刻的理解，其译文的质量和水平自然大大超过他以前所有的译人。当时和后来的人因此把他翻译的佛经称为“新译”，而把在他以前翻译的佛经称为“旧译”，借此把整个佛经翻译史分为两个阶段。玄奘因此也就成了一位划时代的翻译家。

玄奘不但译梵为汉，也译汉为梵。他参加过把中国道家的经典《道德经》译成梵文的工作，据说还把一部在印度已经失传的佛教著作《大乘起信论》译成梵文，送回印度，使其流传本土。

前面讲了，玄奘去印度，最直接的起因是想取回大乘佛教瑜伽行派的重要经典《瑜伽师地论》。他在印度深入地学习和钻研了这部经典，最后带回了国。回国后，玄奘不仅亲自把《瑜伽师地论》完整地翻译了出来，还大力介绍这一派的学说。他的弟子窥基由此在中国建立了一个新的佛教宗派——法相宗。法相宗的学说在唐初曾风行一时，同时还传到日本，并产生过很大的影响。

印度古代佛教的逻辑学很发达，被称作“因明”。玄奘在印度专门下功夫学过这门学问，回国后又特地翻译和传述因明学的著作。于是，因明学在中国一时也成为显学，并为中国哲学思想和逻辑学的发展增添了新的内容。

关于玄奘大师的生平，记载最详细的，是他去世以后，他的弟子慧立原著，彦悰笺补的《大慈恩寺三藏法师传》。全书十卷，在中国传记文学史上也是一部空前的杰作。除此之外，还有唐初僧人道宣撰写的《续高僧传》卷四中的《玄奘传》以及冥详的《大唐故三藏玄奘法师行状》，也是有关玄奘生平的重要资料。

内容

《大唐西域记》全书十二卷，每卷以国分章，每章或详或略地记载了唐代，也就是公元六世纪末七世纪初在中国西边的一百多个国家和地区的情况。这些国家和地区，绝大部分是玄奘西行求法中所亲历，只有少数几个得之传闻。每章的内容包括：名称、方位、疆域、地形、都城、历史、种族、语言、文字、教育、气候、物产、传说，当然，还有宗教，尤其是有关佛教的情况。

依现在通行的各种版本的《大唐西域记》的编次，书的正文前，有两篇序。第一篇是唐秘书著作佐郎敬播所撰，第二篇是唐尚书左仆射燕国公于志宁所撰。两篇序文，都撰写于唐贞观或者永徽年间。《大唐西域记》本身的正文前，又有一段玄奘自己撰写的文字，纵论天下宇内的地理大势，约略相当于正文前的一篇绪论。这段文字，从内容上讲，也颇重要。

玄奘西行求法，先出瓜州西北的唐玉门关，至高昌（今中国新疆吐鲁番），然后由此继续西行。《大唐西域记》所记载的国家，即从高昌以西的阿耆尼国开始。各卷记载的国家和地区是：

第一卷：阿耆尼国、屈支国、跋禄迦国、凌山及大清池、素叶水城、窣利地区、笯赤建国、赭时国、㤄捍国、窣堵利瑟那国、飒秣建国、弭秣贺国、劫布呾那国、屈霜尔伽国、喝捍国、捕喝国、伐地国、货利习弥伽国、羯霜那国、铁门、睹货逻国故地、呾蜜国、赤鄂衍那国、忽露摩国、愉漫国、鞠和衍那国、镬沙国、珂咄罗国、拘谜陀国、缚伽浪国、纥露悉泯健国、忽懔国、缚喝国、锐秣陀国、胡寔健国、呾剌健国、揭职国、大雪山、梵衍那国、迦毕试国。

阿耆尼国即今天中国新疆的焉耆。这一卷，包括的地域，从中国新疆的焉耆开始，往西是今天的库车、阿克苏，阿克苏以西的大雪山，以及今天中亚的吉尔吉斯斯坦、哈萨克斯坦、乌兹别克斯坦和阿富汗的大部分地区。梵衍那就是今天阿富汗境内的巴米扬，那里至今尚有世界有名的大佛。玄奘对此做了详细生动的记载。他的记载，在世界上是最早的。他的书，是今天了解这一地区当时历史和地理的最重要的资料。

第二卷：印度总述、滥波国、那揭罗曷国、健驮逻国。

从阿富汗往东往南，就进入了印度。印度是玄奘求法的目的地。为了更好地介绍佛国印度的情况，在第二卷的一开始，玄奘特地用了半卷的篇幅，先对印度的情况做了一个总述，然后才在以下各卷各章中对五印度各国一一再做叙述。这一部分“印度总述”，详细地讲到了印度一名的来由、疆域的大小、岁时和历制、饮食和衣饰、教育和文字、佛教和族姓、兵术和刑法、赋税和物产。“印度之境，疆界具举，风壤之差，大略斯在，同条共贯，粗陈梗概”，为了解印度首先提供了一个整体的印象。可以说，在公元七世纪初，在印度以外，还没有谁像玄奘这样对印度有如此多的了解和认识。这一卷记载的国家在古代属于北印度。其中的滥波国、那揭罗曷国、健驮逻国都在今天的巴基斯坦境内。健驮逻国曾经是北印度佛教的中心，佛教的雕刻和绘画艺术特别有名。这里曾经是佛教东传的一个重镇。

第三卷：乌仗那国、钵露罗国、呾叉始罗国、僧诃补罗国、乌剌尸国、迦湿弥罗国、半笯嗟国、曷逻阇补罗国。

本卷的国家，也都属于北印度。乌仗那国、钵露罗国和呾叉始罗国在今天巴基斯坦境内。迦湿弥罗即今天的克什米尔，在历史上与中国联系很密切。汉魏时期到中国来的佛教僧人，很多就是从迦湿弥罗来的。

第四卷：磔迦国、至那仆底国、阇烂达罗国、屈露多国、设多图卢国、波理夜呾罗国、秣菟罗国、萨他泥湿伐罗国、窣禄勤那国、秣底补罗国、婆罗吸摩补罗国、瞿毗霜那国、垩醯掣呾逻国、毗罗删拏国、劫比他国。

波理夜呾罗国以前，仍属于北印度。从波理夜呾罗国开始，进入中印度境。

第五卷：羯若鞠阇国、阿逾陀国、阿耶穆佉国、钵逻耶伽国、憍赏弥国、鞞索迦国。

这些国家，都属于中印度。当玄奘到达印度时，羯若鞠阇国的戒日王正是印度最有势力和威望的国王。前面“作者和书名”一节中已经讲了，他热情地接待了玄奘，向玄奘询问中国的情况，还专门为玄奘在羯若鞠阇国的首都曲女城举行了一次极为盛大的大会。这一段故事很有名，也很有意义，我们因此在下面的“原典节选”中选了“羯若鞠阇国”一节。至于阿逾陀国、钵逻耶伽国和憍赏弥国，也是古代印度比较有名的国家。

第六卷：室罗伐悉底国、劫比罗伐窣堵国、蓝摩国、拘尸那揭罗国。

这四个国家，也都在中印度境内。室罗伐悉底国即汉译佛经里经常提到的舍卫国或舍卫城。佛经中讲，释迦牟尼佛一生，有许多时候，住在舍卫城的祇洹精舍。劫比罗伐窣堵国是释迦牟尼佛诞生的地方，也是他自己的民族——释迦族的国家。拘尸那揭罗国则是释迦牟尼佛最后入涅槃的地方。对佛教徒来说，这两个地方都极其神圣。我们因此也把这两章选进了我们的书里。

第七卷：婆罗痆斯国、战主国、吠舍厘国、弗栗恃国、尼波罗国。

这五个国家，除弗栗恃属于北印度外，其余的都属于中印度。婆罗痆斯国即今印度北方邦的历史文化名城瓦拉纳西。婆罗痆斯国的鹿野苑，是释迦牟尼佛初转法轮的地方，至今遗迹犹存。尼波罗国即今天的尼泊尔。

第八卷：摩揭陀国（上）。

第九卷：摩揭陀国（下）。

以上两卷，都是讲中印度的摩揭陀国。摩揭陀国是古代印度最重要的国家。释迦牟尼佛当年成道的地方金刚座菩提树，以及玄奘留学所在的那烂陀寺，都在摩揭陀国。其他与佛教有关的圣迹也非常多。所以玄奘用了整整两卷的篇幅来介绍摩揭陀国。我们因此把《摩揭陀国（上）》，即卷八的全文都选进了我们的书中。

第十卷：伊烂拏钵伐多国、瞻波国、羯朱嗢祇罗国、奔那伐弹那国、迦摩缕波国、三摩呾吒国、耽摩栗底国、羯罗拏苏伐剌那国、乌荼国、恭御陀国、羯餕伽国、憍萨罗国、案达罗国、驮那羯磔迦国、珠利耶国、达罗毗荼国、秣罗矩吒国。

本卷的国家，自迦摩缕波国开始，至恭御陀国，属于东印度。憍萨罗国仍然属于中印度。羯餕伽国以及案达罗国以下诸国，都属于南印度。观音菩萨在印度的道场布呾落迦山，就在南印度的秣罗矩吒国。

第十一卷：僧伽罗国、恭建那补罗国、摩诃剌侘国、跋禄羯呫婆国、摩腊婆国、阿吒厘国、契吒国、伐腊毗国、阿难陀补罗国、苏剌侘国、瞿折罗国、邬阇衍那国、掷枳陀国、摩醯湿伐罗补罗国、信度国、茂罗三部卢国、钵伐多国、阿点婆翅罗国、狼揭罗国、波剌斯国、臂多势罗国、阿耷荼国、伐剌拏国。

僧伽罗国又称执师子国，即今天的斯里兰卡。僧伽罗国从地理上讲不属于印度，但与印度紧邻，历史上一直是个佛教国家。从恭建那补罗国至伐腊毗国，以及邬阇衍那国和掷枳陀国属于南印度。从阿难陀补罗国至瞿折罗国，以及信度国和茂罗三部卢国则属于西印度。摩醯湿伐罗补罗国属于中印度。钵伐多国属于北印度。从阿点婆翅罗国至伐剌拏国则又属于西印度。波剌斯即今天的波斯。玄奘在书中说明，僧伽罗国和波剌斯非印度之国，他没有到过，但因为是印度的近邻，又很重要，所以做了记载。

第十二卷：漕矩吒国、弗栗恃萨傥那国、安呾罗缚国、阔悉多国、活国、瞢健国、阿利尼国、曷逻胡国、讫栗瑟摩国、钵利曷国、呬摩呾罗国、钵铎创那国、淫薄健国、屈浪拏国、达摩悉铁帝国、尸弃尼国、商弥国、波谜罗川、朅盘陀国、乌铩国、佉沙国、斫句迦国、瞿萨旦那国。

本卷的国家，都在印度之外。朅盘陀以前诸国，大致都在今阿富汗和塔吉克斯坦境内。波谜罗川即今天所称的帕米尔高原。朅盘陀国即今天中国新疆的塔什库尔干。以下的几个国家都在新疆境内的塔克拉玛干沙漠的南缘。瞿萨旦那今称和田。从此往东，进入敦煌西边的阳关，就是当时中国的境内了。

从以上的国家排列的次序，很容易看出来，《大唐西域记》记载的西域各个国家，是以玄奘自己的行程为先后次序的。这些国家，依照玄奘撰书时的助手辩机的说法，“书行者，亲游践也；举至者，传闻记也”。因此绝大部分是玄奘的亲履亲见，只有很少一些是得之传闻。

总起来讲，对于“西域”各国，玄奘记叙的重点在于印度，或者照当时的说法，在于五印度。这不奇怪，因为玄奘本人是一位虔诚的佛教徒。他冒死西行，是为了求取佛法。他遍游五印度，也是为了在“佛国”广泛地瞻仰佛教圣迹，求师访友，更全面地学习佛教。近代常常有人把玄奘称作“旅行家”，把他的西行称作“旅行”，这实际上是没有正确地理解到玄奘伟大的品格和他西行求法的本来意义，因此并不太合适。《大唐西域记》全书，重点还在突出佛教或与佛教有关的事情。纵观全书，这一点，非常清楚。全书十二卷，有十卷几乎全是讲印度，其中又有两卷（第八、第九卷）则完全是讲中印度的摩揭陀国。玄奘撰书的意思，其实很清楚。

《大唐西域记》全书的最后，有玄奘的助手，僧人辩机的一篇《记赞》。《大唐西域记》全书撰写成，与辩机有很密切的关系，文字上的工作，辩机承担了很大一部分。关于这一点，下面还将谈到。辩机的《记赞》，为今天了解书撰成的过程，提供了一些重要的资料。

版本流传和节选情况

《大唐西域记》一书，在贞观二十年写成以后，首先呈送唐太宗。大概在此后不久，全书就开始公开流传。因为其后不久撰成的大型佛教类书《法苑珠林》，就已经引用到其中的文字。我们现在所能见到的最早的《大唐西域记》，是二十世纪初在敦煌藏经洞发现的唐代的手抄本。唐抄本包括三个残卷，残卷上尚存卷一、卷二、卷三的部分内容。这三个残卷，据现代学者向达先生的研究意见，抄成的年代在公元八九世纪，也就是说，距成书时间不过一二百年。唐抄本虽然只是残卷，但千年之下，尚得幸存于天壤之间，足堪珍贵。可惜发现之后即被外人掠走，现在分别收藏在英国伦敦和法国巴黎。在唐抄本之后，则是几种宋刻本。一种是《福州藏》本，再一种是《金藏》本，也称作《赵城藏》本，再有《思溪藏》本和《碛砂藏》本。不过没有一种是全帙。宋代以后，历次翻刻《大藏经》，其中都有《大唐西域记》。而单独刻印的本子也很常见。这些本子则大多是完全的。清代编《四库全书》，也收录了《大唐西域记》，馆臣们当时所见到的，就是单刻本。

历代翻刻的《大唐西域记》，文字上虽然略有差异，但总地讲来，大致都相同。只有明代初年在北京刻印的《北藏》本，在卷十一的“僧伽罗国”一节中有关“佛牙精舍”一条的下面，误增入一段与郑和出使斯里兰卡有关的文字。其中的错误，当然很明显。

有一点还需要说明一下，旧刻本的《大唐西域记》，在书名之下，题名都是“三藏法师玄奘奉诏译，大总持寺沙门辩机撰”，这实际上不准确，或者可以说根本是一个错误。因为，第一，《大唐西域记》本身是撰写的而不是翻译的著作。这一点，不容怀疑。第二，辩机是玄奘译经时的助手。玄奘在撰写《大唐西域记》时，由他来协助，本身很自然。但是很难因此而说辩机就是书的撰者。比较合理的推测是，书中的内容，由玄奘提供或者口述，文字上则由辩机记录并加以辑缀。但为什么会在题名上发生这样的错误呢？解释是，隋唐时代翻译的佛经，经题下大多都有某某法师“奉诏译”的字样，大概最初刻印佛经的人，未做仔细的分辨，便一律仿照成例，以致会有如此的错误，并且一直沿袭下来。这一错误，实际上发生在唐以后，唐代的好几种经录，都没有作如此的题名，便可以证明。

《大唐西域记》一书，由于内容并不仅限于佛教，书成以后，注意到的人，不仅限于佛教徒。著录它的，也不只是佛教的经录，还有一般的目录书，大多把它归入地理类的著作。不过，佛教徒以外的学者，很少有人去认真钻研它。一些人甚至对它存在某些误解，典型的是编辑《四库全书》的馆臣们。

自十九世纪以来，欧洲研究印度学、佛教学以及汉学的学者注意到了《大唐西域记》，并开始翻译和研究《大唐西域记》。在这方面，欧洲学者做了很多开拓性的工作。但他们的工作，涉及版本和文字方面的比较少。相对于西方学者的成果而言，日本学者后来的研究工作，则比较注意版本和文字的校勘。他们利用日本自古与中国文化上联系密切，佛教是从中国传到日本，因此日本收藏有大量中国的古抄本和古刻本的条件，出版了新的校勘本。一九一一年，京都大学文科大学出版的一种《大唐西域记》，底本是公元十三世纪在朝鲜刻印的《高丽新藏》本，同时利用了十一世纪刻印的《高丽旧藏》本以及其他的一些古抄本和古刻本。另外，日本学者陆续出版的一些研究性的著作，都包括有对《大唐西域记》的翻译和注释，也涉及原文的版本和校勘问题。这些著作是：

堀谦德的《解说西域记》，东京，一九一二年；

小野玄妙翻译的《大唐西域记》，东京，一九三六年；

足立喜六的《大唐西域记の研究》，东京，一九四二至一九四三年；

水谷真成译注的《大唐西域记》，东京，一九七二年；

野村耀昌翻译的《大唐西域记》，东京，一九八三年。

这些著作中有些成果也是值得注意的。

在中国方面，在清末民初，虽然翻刻的《大唐西域记》本子不少，但基本都是一般的复刻本。这种情形，是因为当时还谈不上对《大唐西域记》做系统的，尤其是具有新意的研究。民国初年只有丁谦做过一些工作，但没有大的突破。受到欧洲和日本学者研究成绩的刺激，我国的一些学者，例如北京大学的向达先生，一直打算仔细整理《大唐西域记》，虽然向先生最后仍然是赍志而殁。不过，在二十世纪八十年代以前，其他的中国学者也完成了两种新的校勘本。一种由吕澂先生校点，一九五七年由金陵刻经处刻印；一种由章巽先生校点，一九七七年由上海人民出版社出版。

但是最值得一提的是一九八五年由北京中华书局出版的《大唐西域记校注》一书。这是以北京大学季羡林先生为首的九位中国学者共同努力，在资料并不太充足的条件下完成的一个校注本。其他不论，仅就版本的校勘而言，它利用了过去所有有价值的古抄本和主要的刻印本，而整理出一个新本。仅此一点，在成就上就超过了过去所有的刊刻本。在其他方面，也取得了不少新的成果。这是第一部完全由中国学者完成的，可以与此前的西方和日本学者的工作相比较的，详细全面地研究《大唐西域记》的大部头著作，是中国学者对学术和佛教研究的一个重要的贡献。书出版以后，颇有好评。不过，研究《大唐西域记》的工作，涉及的方面太多，难度极大，要真正做好这个工作，还需要“更上一层楼”，再做更大的努力。玄奘是中国的高僧，对于中国学者来说，完成这一工作，可以说是责无旁贷。

《大唐西域记》全书十二卷，加上最前的两篇序和最末的《记赞》，十三四万字，篇幅已不算小。依照《中国佛教经典宝藏》丛书编撰体例的要求，以下从《大唐西域记》中节选出部分章节。节选的章节，以记载印度部分的内容为主。在这些章节中，又以记载与佛教，尤其是与释迦牟尼佛教化事迹最有关系的内容为主，介绍给读者。节选的章节，包括卷五的羯若鞠阇国，卷六的劫比罗伐窣堵国和拘尸那揭罗国，卷七的婆罗痆斯国，以及卷八摩揭陀国（上）。文字主要以上面最后提到的《大唐西域记校注》的本子为根据，但重新又加以校正，标点和分段也做了一些改正和调整，并配上分段的小标题和今译。希望读者通过节选的这些章节，能约略了解到当年玄奘大师西天求法时所见到的一代佛教胜迹以及当时印度的风土人情。但更重要的，是从字里行间体会到大师万里跋涉，舍身求法，不屈不挠，追求真理的伟大精神。

经典

1 卷五

羯若鞠阇国

原典

羯若鞠阇国[1]，周四千余里。国大都城西临殑伽河，其长二十余里，广四五里。城隍坚峻，台阁相望。花林池沼，光鲜澄镜。异方奇货，多聚于此。居人丰乐，家室富饶。华果具繁，稼穑时播。气序和洽，风俗淳质。容貌妍雅，服饰鲜绮。笃学游艺，谈论清远。邪正二道，信者相半。伽蓝百余所，僧徒万余人，大小二乘，兼功习学。天祠二百余所，异道数千余人。

羯若鞠阇国，人长寿时，其旧王城号拘苏磨补罗唐言"花宫"，王号梵授。福智宿资，文武允备，威慑赡部，声震邻国。具足千子，智勇弘毅。复有百女，仪貌妍雅。

时有仙人，居殑伽河侧。栖神入定，经数万岁，形如枯木。游禽栖集，遗尼拘律果于仙人肩上。暑往寒来，垂荫合拱。多历年所，从定而起。欲去其树，恐覆鸟巢。时人美其德，号“大树仙人”。仙人寓目河滨，游观林薄，见王诸女相从嬉戏。欲界爱起，染着心生，便诣华宫，欲事礼请。王闻仙至，躬迎慰曰：“大仙栖情物外，何能轻举？”仙人曰：“我栖林薮，弥积岁时。出定游览，见王诸女，染爱心生，自远来请。”王闻其辞，计无所出，谓仙人曰：“今还所止，请俟嘉辰。”

仙人闻命，遂还林薮。王乃历问诸女，无肯应娉。王惧仙威，忧愁毁悴。其幼稚女，候王事隙，从容问曰：“父王千子具足，万国慕化，何故忧愁，如有所惧？”王曰：“大树仙人幸顾求婚，而汝曹辈莫肯从命。仙有威力，能作灾祥。傥不遂心，必起嗔怒。毁国灭祀，辱及先王。深惟此祸，诚有所惧。”稚女谢曰：“遗此深忧，我曹罪也。愿以微躯，得延国祚。”

王闻喜悦，命驾送归。既至仙庐，谢仙人曰：“大仙俯方外之情，垂世间之顾。敢奉稚女，以供洒扫。”仙人见而不悦，乃谓王曰：“轻吾老叟，配此不妍。”王曰：“历问诸女，无肯从命，唯此幼稚，愿充给使。”仙人怀怒，便恶咒曰：“九十九女，一时腰曲，形既毁弊，毕世无婚！”王使往验，果已背伛。从是之后，便名曲女城焉。

今王本吠舍种也，字曷利沙伐弹那唐言“喜增”。君临有土，二世三王。父字波罗羯罗伐弹那唐言作“光增”，兄字曷逻阇伐弹那唐言“王增”。王增以长嗣位，以德治政。

时东印度羯罗拏苏伐剌那唐言“金耳”国设赏迦王唐言“月”每谓臣曰：“邻有贤主，国之祸也。”于是诱请，会而害之。人既失君，国亦荒乱。时大臣婆尼唐言“辩了”，职望隆重，谓僚庶曰：“国之大计，定于今日。先王之子，亡君之弟，仁慈天性，孝敬因心，亲贤允属。欲以袭位，于事何如？各言尔志。”

众咸仰德，尝无异谋。于是辅臣执事咸劝进曰：“王子垂听，先王积功累德，光有国祚。嗣及王增，谓终寿考。辅佐无良，弃身仇手。为国大耻，下臣罪也。物议时谣，允归明德。光临土宇，克复亲仇，雪国之耻，光父之业，功孰大焉？幸无辞矣。”

王子曰：“国嗣之重，今古为难。君人之位，兴立宜审。我诚寡德，父兄遐弃。推袭大位，其能济乎？物议为宜，敢忘虚薄。今者殑伽河岸有观自在菩萨像，既多灵鉴，愿往请辞。”即至菩萨像前，断食祈请。菩萨感其诚心，现形问曰：“尔何所求，若此勤恳？”王子曰：“我惟积祸，慈父云亡，重兹酷罚，仁兄见害。自顾寡德，国人推尊，令袭大位，光父之业。愚昧无知，敢希圣旨。”菩萨告曰：“汝于先身，在此林中，为练若苾刍，而精勤不懈。承兹福力，为此王子。金耳国王既毁佛法，尔绍王位，宜重兴隆。慈悲为志，伤愍居怀，不久当王五印度境。欲延国祚，当从我诲。冥加景福，邻无强敌。勿升师子之座，勿称大王之号。”

于是受教而退，即袭王位。自称曰王子，号尸罗阿迭多唐言“戒日”[2]。于是谓臣曰：“兄仇未报，邻国不宾，终无右手进食之期。凡尔庶僚，同心勠力。”遂总率国兵，讲习战士。象军五千，马军二万，步军五万，自西徂东，征伐不臣。象不解鞍，人不释甲，于六年中，臣五印度。既广其地，更增甲兵，象军六万，马军十万。

垂三十年，兵戈不起。政教和平，务修节俭。营福树善，忘寝与食，令五印度不得啖肉。若断生命，有诛无赦。于殑伽河侧建立数千窣堵波，各高百余尺。于五印度城邑乡聚，达巷交衢，建立精庐，储饮食，止医药，施诸羁贫，周给不殆。圣迹之所，并建伽蓝。五岁一设无遮大会。倾竭府库，惠施群有，唯留兵器，不充檀舍。岁一集会，诸国沙门，于三七日中，以四事供养。庄严法座，广饰义筵，令相摧论，校其优劣。褒贬淑慝，黜陟幽明。若戒行贞固，道德淳邃，推升师子之座，王亲受法。戒虽清净，学无稽古，但加敬礼，示有尊崇。

律仪无纪，秽德已彰，驱出国境，不愿闻见。邻国小王、辅佐大臣，殖福无殆，求善忘劳，即携手同座，谓之善友。其异于此，面不对辞，事有闻议，通使往复。而巡方省俗，不常其居。随所至止，结庐而舍。唯雨三月，多雨不行。每于行宫，日修珍馔，饭诸异学，僧众一千，婆罗门五百。每以一日，分作三时。一时理务治政，二时营福修善。孜孜不倦，竭日不足矣。

初，受拘摩罗王请，自摩揭陀国往迦摩缕波国。时戒日王巡方，在羯朱嗢衹逻国，命拘摩罗王曰："宜与那烂陀远客沙门速来赴会。"于是遂与拘摩罗王往会见焉。戒日王劳苦已，曰："自何国来？将何所欲？"对曰："从大唐国来，请求佛法。"王曰："大唐国在何方？经途所亘？去斯远近？"对曰："当此东北数万余里，印度所谓摩诃至那国是也。"王曰："尝闻摩诃至那国有秦王天子，少而灵鉴，长而神武。昔先代丧乱，率土分崩，兵戈竞起，群生荼毒。而秦王天子早怀远略，兴大慈悲，拯济含识，平定海内。风教遐被，德泽远洽。殊方异域，慕化称臣。民庶荷其亭育，咸歌《秦王破阵乐》。闻其雅颂，于兹久矣。盛德之誉，诚有之乎？大唐国者，岂此是耶？"

对曰："然。至那者，前王之国号。大唐者，我君之国称。昔未袭位，谓之秦王。今已承统，称曰天子。前代运终，群生无主，兵戈乱起，残害生灵。秦王天纵含弘，心发慈愍，威风鼓扇，群凶殄灭。八方静谧，万国朝贡。爱育四生，敬崇三宝，薄赋敛，省刑罚。而国用有余，氓俗无宄。风猷大化，难以备举。”戒日王曰：“盛哉！彼土群生，福感圣主！”

时戒日王将还曲女城设法会也，从数十万众，在殑伽河南岸。拘摩罗王从数万之众，居北岸。分河中流，水陆并进。二王导引，四兵严卫。或泛舟，或乘象，击鼓鸣螺，拊弦奏管。经九十日，至曲女城，在殑伽河西大花林中。

是时诸国二十余王，先奉告命，各与其国髦俊沙门及婆罗门、群官、兵士，来集大会。王先于河西建大伽蓝。伽蓝东起宝台，高百余尺。中有金佛像，量等王身。台南起宝坛，为浴佛像之处。从此东北十四五里，别筑行宫。

是时仲春月也，从初一日，以珍味馔诸沙门、婆罗门，至二十一日。自行宫属伽蓝，夹道为阁，穷诸莹饰。乐人不移，雅声递奏。王于行宫，出一金像，虚中隐起，高余三尺，载以大象，张以宝幰。戒日王为帝释之服，执宝盖以左侍。拘摩罗王作梵王之仪，执白拂而右侍。各五百象军，被铠周卫。佛像前后，各百大象。乐人以乘，鼓奏音乐。戒日王以真珠杂宝及金银诸花，随步四散，供养三宝。先就宝坛，香水浴像。王躬负荷，送上西台，以诸珍宝、憍奢耶衣，数十百千，而为供养。是时唯有沙门二十余人预从，诸国王为侍卫。馔食已讫，集诸异学，商榷微言，抑扬至理。日将曛暮，回驾行宫。如是日送金像，导从如初，以至散日。

其大台忽然火起，伽蓝门楼烟焰方炽。王曰："罄舍国珍，奉为先王建此伽蓝，式昭胜业。寡德无祐，有斯灾异。咎征若此，何用生为！"乃焚香礼请，而自誓曰："幸以宿善，王诸印度。愿我福力，禳灭火灾。若无所感，从此丧命！"寻即奋身，跳履门阃。若有扑灭，火尽烟消。诸王睹异，重增祗惧。已而颜色不动，辞语如故，问诸王曰："忽此灾变，焚烬成功，心之所怀，意将何谓？"诸王俯伏，悲泣对曰："成功胜迹，冀传来叶，一旦灰烬，何可为怀？况诸外道，快心相贺。"王曰："以此观之，如来所说诚也。外道异学，守执常见，唯我大师，无常是诲。然我檀舍已周，心愿谐遂，属斯变灭，重知如来诚谛之说。斯为大善，无可深悲。"

于是从诸王东上大窣堵波，登临观览。方下阶陛，忽有异人，持刃逆王。王时窘迫，却行进级，俯执此人，以付群官。是时群官惶遽，不知进救。诸王咸请诛戮此人，戒日王殊无忿色，止令不杀。王亲问曰："我何负汝，为此暴恶？"对曰："大王德泽无私，中外荷负。然我狂愚，不谋大计，受诸外道一言之感，辄为刺客，首图逆害。”王曰：“外道何故兴此恶心？”对曰：“大王集诸国，倾府库，供养沙门，熔铸佛像。而诸外道自远召集，不蒙省问。心诚愧耻，乃令狂愚，敢行凶诈。”

于是究问外道徒属，有五百婆罗门，并诸高才，应命召集。嫉诸沙门蒙王礼重，乃射火箭，焚烧宝台，冀因救火，众人溃乱，欲以此时杀害大王。既无缘隙，遂雇此人，趋隘行刺。是时诸王大臣请诛外道，王乃罚其首恶，余党不罪，迁五百婆罗门出印度之境。于是乃还都也。

城西北窣堵波，无忧王之所建也。如来在昔于此七日说诸妙法。其侧则有过去四佛坐及经行③遗迹之所，复有如来发爪小窣堵波。

说法窣堵波南，临殑伽河，有三伽蓝，同垣异门。佛像严丽，僧徒肃穆，役使净人数千余户。

精舍宝函中有佛牙，长余寸半，殊光异色，朝变夕改。远近相趋，士庶咸集，式修瞻仰，日百千众。监守者繁其喧杂，权立重税，宣告远近，欲见佛牙，输大金钱。然而瞻礼之徒，实繁其侣。金钱之税，悦以心竞。每于斋日，出置高座，数百千众，烧香散华。华虽盈积，牙函不没。

伽蓝前左右各有精舍，高百余尺，石基砖室。其中佛像众宝庄饰，或铸金银，或熔鍮石。二精舍前各有小伽蓝。

伽蓝东南不远有大精舍，石基砖室，高二百余尺。中作如来立像，高三十余尺，铸以鍮石，饰诸妙宝。精舍四周石壁之上，雕画如来修菩萨行所经事迹，备尽镌镂。

石精舍南不远，有日天祠。祠南不远，有大自在天祠。并莹青石，俱穷雕刻，规摹度量，同佛精舍。各有千户，充其洒扫。鼓乐弦歌，昼夜无徙。

大城东南六七里，殑伽河南，有窣堵波，高二百余尺，无忧王之所建也。在昔如来于此六月说身无常、苦、空、不净。其侧则有过去四佛坐及经行遗迹之所。又有如来发爪小窣堵波。人有染疾，至诚旋绕，必得痊愈，蒙其福利。

大城东南行百余里，至纳缚提婆矩罗城。据殑伽河东岸，周二十余里。华林清池，互相影照。

纳缚提婆矩罗城西北，殑伽河东，有一天祠，重阁层台，奇工异制。城东五里，有三伽蓝，同垣异门。僧徒五百余人，并学小乘说一切有部。伽蓝前二百余步，有窣堵波，无忧王之所建也。基虽倾陷，尚高百余尺，是如来昔于此处七日说法。中有舍利，时放光明。其侧则有过去四佛坐及经行遗迹之所。

伽蓝北三四里，临殑伽河岸，有窣堵波，高二百余尺，无忧王之所建也，昔如来在此七日说法。时有五百饿鬼，来至佛所，闻法解悟，舍鬼生天。

说法窣堵波侧，有过去四佛坐及经行遗迹之所。其侧复有如来发爪窣堵波。

自此东南行六百余里，渡殑伽河，南至阿逾陀国中印度境。

注释

①**羯若鞠阇国**：在古代属于五印度的中印度。“羯若鞠阇”一名，是都城的梵文名字 Kanyākubja 的音译，意译“曲女”，所以玄奘又把都城称作“曲女城”。曲女城至今犹在，即今印度北方邦的卡瑙季（Kanauj）。羯若鞠阇城是印度历史上有名的古城之一。在玄奘赴印时，印度的戒日王以此城作为自己国家的都城。玄奘用城名称呼戒日王的国家，就称作羯若鞠阇国。《大唐西域记》中记载了有关曲女城城名及国名由来的传说、戒日王王族的历史、戒日王怎样做国王、玄奘会见戒日王，以及曲女城大会等事情。这些，都是很重要的历史资料。

②**戒日**：印度历史上最有名的国王之一。他在公元七世纪初，在北印度和中印度有着约略类似于中国春秋时代的齐桓公、晋文公的地位，能够号令诸侯，征伐不义。但是，印度方面有关他的比较可靠的记载并不太多。

根据玄奘以及其他中国求法僧的记载，我们知道，戒日王积极扶持和保护佛教，建造寺庙。他自己又爱好音乐和文学，还写有很优美的文学作品。由于玄奘的到来，中国史书里记载，后来戒日王派了使节出使中国。中国的唐太宗也派遣使节回报。中国和印度之间由此建立起友好的关系。

③**经行：** 意指在一定的场所中往复回旋之行走。通常在食后、疲倦时，或坐禅昏沉瞌睡时，即起而经行，为一种调剂身心之安静散步。

译文

羯若鞠阇国，方圆四千余里。国家的大都城西临恒河，长二十余里，宽四五里。城壕坚固险峻，城内楼台殿阁相望。花木、树林和池塘，美丽明朗，澄清如镜。外国的许多奇珍异宝，大多聚集在此。当地的居民生活欢乐，家室富饶。花果种类繁多，庄稼收种适时。气候温暖调和，风俗淳朴厚道。人们容貌俊美端庄，服饰鲜艳华丽。专心好学，谈论清远。信奉佛教和异教的人各占一半。伽蓝有一百余所，僧人一万余人，既有学大乘的，又有学小乘的。外道神庙二百余所，有外道数千人。

曲女城城名的由来

羯若鞠阇国，在世人长寿的时候，它的旧王城名叫拘苏磨补罗（大唐的语言翻作“花宫”），国王名叫梵授。梵授王宿世积德，聪明智慧，文武双全，威慑赡部，声震邻国。他有一千个儿子，机智勇敢，意志坚强。还有一百个女儿，容貌美丽，仪表端庄。

当时有一位仙人，居住在恒河河畔。仙人坐禅入定，已经有好几万年，形状如同枯木。鸟儿们在此栖息，把尼拘律果的果核带到了仙人肩上。暑往寒来，果核在仙人肩上长成合抱的大树，一片绿荫。又过了许多年，仙人从禅定中起来。他想去掉这棵大树，又怕掀翻了鸟窝。当时的人都称赞仙人的美德，称他为“大树仙人”。仙人举目向河边望去，观赏茂密的丛林，看见国王的女儿们在那里追逐游戏。仙人心中爱欲念起，污染心生，便来到花宫城，想要娉娶国王的女儿。国王听说仙人来到，亲自迎接，问候仙人道：“大仙栖情于世俗之外，怎能轻易来到我们这里呢？”仙人说：“我住在那树林里，已经有很多年。从禅定中出来游览，看到大王的女儿们，生出爱慕之心，特地远道前来求婚。”国王听他这么一说，一时不知怎么办好，只得对仙人说：“大仙今天先回住所，请等候一个吉日良辰。”

仙人得到这个回答，便回到树林。国王一个个问身边的女儿，可是没有一个肯嫁给仙人。国王惧怕仙人的神威，忧心如焚，形容憔悴。国王的小女儿，在国王空隙时，细细地问国王：“父王有一千个儿子，万国仰慕，为什么还发愁，好像有什么担心的事？”国王说：“大树仙人看上了你们，前来求婚，可是你们却没有一个肯嫁给他。仙人有威力，能制造祸福。倘若不顺从他的心意，他必定会发怒。那时候国破家亡，宗祀灭绝，辱及祖先。我深恐招来此祸，心里害怕。”小女儿内疚地说：“给父王带来这么深的忧虑，是我们这些做儿女的罪过啊。我愿意把自己微贱的身躯贡献出来，使社稷得以延续下去。”

国王听了这话，非常高兴，命令驾车，送小女儿出嫁。国王到了仙人的住所，向仙人道歉说：“大仙以方外之情，垂顾世间的女子。我愿意献上我的小女儿，供您打扫清洁使用。”仙人见了小女儿，很不高兴，对国王说：“你轻视我是老头子，只配得上这样一个丑女子。”国王回答说：“我问遍了我那些女儿，都不肯从命，唯有这个小女儿，愿意到这儿来听您使唤。”仙人非常恼怒，便恶狠狠地念起咒语：“让那九十九个女儿，立刻腰弯背驼，容貌毁伤，一辈子嫁不得人！”国王派人回去查看，果然个个都已变成驼背。自此以后，这个王城就改名为曲女城。

戒日王

羯若鞠阇国当今在位的国王出身吠舍种姓，名叫曷利沙伐弹那（大唐的语言翻作“喜增”）。他的家族统治这个国家，已经有两代三个国王。他的父亲名叫波罗羯罗伐弹那（大唐的语言翻作“光增”），哥哥叫曷逻阇伐弹那（大唐的语言翻作“王增”）。王增以长子的身份继承了王位，以贤德治理国家。

当时，东印度的羯罗拏苏伐剌那（大唐的语言翻作“金耳”）国的设赏迦王（大唐的语言翻作“月”）常常对大臣们说：“邻国要是有一位贤明的君主，对我们国家可是个祸害。”于是他采用诱骗的手段，把王增请去，在会面时将王增杀害。羯若鞠阇国的百姓失去了君主，国家陷于慌乱之中。当时有一位叫婆尼（大唐的语言翻作“辩了”）的大臣，职位高，声望重，对其他大臣说：“国家的大事，今天就必须决定。先王的第二个儿子，亡君的弟弟，天性仁慈，孝敬父母，亲属和贤人们都归心于他。我想请他继承王位，大家觉得怎样？请各位发表自己的意见。”

大家都敬仰王子喜增，没有人有不同意见。于是所有的大臣执事都去劝说喜增继承王位："请王子听臣等陈述，先王积功建德，才有这个国家。传位给王增后，原希望他能长寿。由于没有好的大臣辅佐，以致让他落到仇人之手，遭到杀害。这是国家的大耻，也是臣下们的罪过。现在外面的议论，还有流行的歌谣，都归心于英明的王子。王子继承大位，报杀亲之仇，雪国家之耻，光复父王之业，还有什么功德比这更大的呢？请王子不要推辞。"

王子回答说："继承王位的重任，从古到今，都是很难担当的。兴立君主，更应该慎重。我的确缺乏福德，父兄抛弃我而去。大家推举我承袭王位，我能有力量担当这个重任吗？大家的议论当然有道理，可我怎能不顾自己能力虚弱。现今恒河河边有一观自在菩萨像，十分灵验，我想前去请教他。"王子于是来到菩萨像前，不吃不喝，一心祈祷。菩萨感念他的一片诚心，显出本相，问道："你这样地诚恳，有什么要求？"王子回答说："我的灾祸太多了，父王死去，严酷的惩罚再降临到我头上，兄长又被害。我自觉缺乏才德，可是国人一定要推举我继承王位，光复父王的事业。我自己愚昧无知，因而祈求菩萨指示。"菩萨告诉他说："你前世住在这个山林中，是一个比丘，精心苦修，勤恳不懈。凭着这个福力，转生为这个国家的王子。金耳国国王既然破坏佛法，你继承王位以后，一定要重兴佛法。你以慈悲为志，以同情怜悯为怀，不久就可统治五印度。如果要想使王位保持下去，就要听从我的教导。神明会保佑你，你的邻国中没有你的敌手。你不要登师子座，也不要使用大王的称号。”

于是王子受教而退，继承了王位。但只是称自己为王子，名号是尸罗阿迭多（大唐的语言翻作“戒日”）。他对大臣们说：“兄长的仇不报，邻国不归顺，我就不用右手进食。你们所有的大臣僚属，都要同心协力。”他亲自统率全国的军队，加紧训练。象军五千，马军两万，步军五万，从西往东，讨伐不肯称臣的国家。象不解鞍，人不解甲，经过六年，终于征服了五印度。既扩大了领土，又补充了军队，象军增加到六万，马军增加到十万。

以后将近三十年间，没有战争。国家政教和平，厉行节俭。戒日王营福树善，废寝忘食，命令五印度的百姓不得吃肉。谁若杀生，诛杀不饶。又在恒河沿岸建造了数千座塔，各高一百余尺。在五印度的城镇乡村、里巷街道都修建起精舍，储备饮食和医药，施舍给旅行的人和贫苦的人，普施天下，而不疲倦。在有佛遗迹的地方，都建造伽蓝。每五年举行一次无遮大会。把仓库中所有的财物，都施舍给众生，只是把兵器留下，不作施舍。一年一次，举行大会，各国的沙门都来参加，二十一天中，供给他们衣服、卧具、饮食、汤药四项物品。把法座装饰起来，准备好讲论的场所，让大家互相辩论，比较优劣。表扬好的，贬斥不好的，罢黜昏暗者，提升有学识者。如果是戒行精深，品德纯正，就升师子之座，戒日王亲自听他讲授佛法。如果是戒行清净，但学问不能博古通今，也以礼相待，表示尊重。如果不遵守戒律，道德败坏，恶名昭彰，就驱逐出国，不再要见到。如果邻近小国的国王和大臣，能为百姓造福，求善忘劳，就与他们携手并坐，称之为善友。如果不是这样，则拒不面谈，有事需要商议，则通过使者往来。王子还经常巡视各地，察看民情，不总住在一个地方。每到一处地方，盖茅屋作为居室。一年之中，只有在雨季那三个月因为雨多而不出行。常常就在行宫里，准备好的饮食，招待各个教派的学者，有佛教僧人一千，婆罗门五百。一天的时间，常常分成三部分，一份时间处理政务，两份时间营福行善。孜孜不倦，一天的时间用尽了，还显得不够呢。

玄奘会见戒日王

当初，我接受拘摩罗王的邀请，从摩揭陀国前往迦摩缕波国。此时戒日王巡视各地，正在羯朱嗢祇逻国，命令拘摩罗王说：“你应该和那位那烂陀来的远客沙门赶紧来我这里参加大会。”于是我就与拘摩罗王一起前去会见戒日王。戒日王问候我后，就问我：“您从哪个国家来？到这里来打算做什么？”我回答说：“我从大唐国来，来求取佛法。”戒日王问：“大唐国在哪里？路途经过哪些地方？离这里有多远？”我回答说：“大唐国在此东北方向，离这儿有几万里，也就是印度所说的摩诃至那国。”戒日王又问：“我曾听说摩诃至那国有位秦王天子，少年时就聪明，成年后威武。先前一个朝代天下大乱，国家分裂，战祸纷起，百姓受苦。而秦王天子早怀大计，以大慈大悲之心，拯救众生，平定海内。教化远被，德泽遍布。四方各国，仰慕其德，自称为臣。老百姓感激他的养育之恩，都在歌唱《秦王破阵乐》。我听到人们对他的赞颂，已经很久了。对他的品德给予这么高的声誉，有这么回事吗？您说的大唐国，就是指的这个国家吗？”

我回答说：“是的。所谓至那，是过去的王朝的国号。大唐是我们现在的君主的国号。以前他还没有继承王位时，称为秦王，现在已经继承王统，便称作天子。前一个的朝代国运终结，百姓没有君主，因而战乱纷起，残害生灵。秦王天生抱负远大，生慈悲怜悯之心，威风震慑天下，消灭群凶。八方从此安宁，万国都来朝拜进贡。他爱护抚育四生，崇敬三宝，收税少，刑罚轻。

因而国家财政有余，百姓没有犯法作乱的。民风大大改善，这类事难以一一列举。”戒日王赞叹说：“这真是了不起啊！你们国家的百姓有这样的福分，应该感激这位神圣的君主！”

曲女城大会

当时，戒日王将要返回曲女城举行法会，有数十万人跟随着他，都在恒河的南岸。另有几万人跟随拘摩罗王，在河的北岸。两队人马以河中心为界，分成水陆两路，一齐进发。两位国王在前边引导，步、骑、车、象四个兵种严密护卫。有的乘船，有的骑象，敲着鼓，吹着螺，拨动琴弦，鸣奏管乐。经过九十天，到达了曲女城，人马都驻扎在恒河西岸的大花林中。

这时已经有二十多个国家的国王，事先根据戒日王的命令，分别与本国年轻英俊的沙门，以及婆罗门、官员、士兵等，前来参加法会。戒日王事先已在恒河西岸修建了一座大伽蓝。伽蓝东边筑起宝台，高一百多尺。正中供有金佛像，身量大小同戒日王一样。宝台的南边，又筑了一个宝坛，作为洗浴佛像的地方。从此往东北去十四五里的地方，另外修建了行宫。

这时候正是春二月，从初一开始，戒日王就用美食佳肴，招待沙门和婆罗门，一直到第二十一日。从行宫到伽蓝，道路两旁都盖起楼阁，极尽装饰。奏乐的人，站立不动，不断地吹奏着高雅的乐曲。戒日王从行宫里请出一尊金佛像，隐然立起，高三尺多，用大象驮载，四周张起宝幔。戒日王穿上帝释天的服装，手执宝盖，在左边侍奉。拘摩罗王扮作梵王的模样，手持白拂尘，在右边侍奉。两边各有五百象兵，披着铠甲，在周围护卫。佛像的前后，各有一百头大象。乐人坐在大象身上，演奏音乐。戒日王一边走，一边散发珍珠、杂宝、金银和各种鲜花，供养三宝。先来到宝坛，用香水洗浴佛像。然后戒日王亲自背着佛像，送上西台，用各种奇珍异宝和成百上千件憍奢耶衣，供养佛像。这时只有二十多位沙门能够与戒日王一起参加，各国国王都作为侍卫。吃过饭后，召集各种不同学派的学者，商榷微妙的学问，探讨高深的道理。日将黄昏，戒日王才乘车回到行宫。如此每天护送金佛像，前导和随从都与开始时一样，要一直到法会结束。

突然，那个大台起火，伽蓝的门楼浓烟滚滚，烈火熊熊。戒日王叹息说："我把国家所有的珍宝都贡献出来，为先王建造了这所伽蓝，以此显扬先王的胜业。我缺少德行，得不到神的保佑，所以才有这场灾难。既然我的罪过到了如此地步，我活着还有什么用处！"戒日王于是烧香礼敬并发誓说："我有幸凭着前世的善业，做了五印度的国王。我愿以我的福德的力量，熄灭火灾。假如我的誓言没有感应，就让我就此结束生命！"跟着奋力纵身，往门楼跳去。就像有人在扑灭大火一样，火尽烟消。各国国王目睹这个奇观，对戒日王更加敬畏。戒日王事后脸色不变，言语如故，问各国国王说："这场突然来的火灾，把建造成功的东西烧为了灰烬，你们心中是怎么想的？"国王们趴在地上，哭着回答："我们本来是期望建成胜迹，传给后世，一旦都成为灰烬，哪还有什么可说的呢？而外道们一定会高兴得相互庆贺。"戒日王说："由此看来，如来所说的道理真是对极了。外道异学固守常见，只有我们如来大师教诲的是无常的道理。然而我的施舍已经很周到，如愿以偿，又遇上这场灾变，使我更加懂得如来学说的真谛。这是一件大好事，大家不必为这件事过分悲伤。"

于是戒日王与各国国王一起来到东边的大塔上，登高观览。戒日王刚走下塔的台阶，突然有一个生人持刀迎面向戒日王刺来。当时戒日王十分窘迫，他向后退了几级，俯身抓住这个人，把他交给官员们。官员们这时惊慌失措，不知道应该赶快去救戒日王。国王们都请求把这人处死，戒日王却没有一点怒色，吩咐不要杀他。戒日王亲自审问他说："我有什么地方对不起你，你这样残暴凶恶？”这人回答说：“大王德泽无私，天下人都得到了大王的好处。然而我轻狂愚蠢，不明白大的道理，受外道们一句话的煽动，就做了刺客，带头想杀害大王。”戒日王又问：“外道们为什么要生出这种坏心？”刺客回答说：“大王召集各国，拿出府库里所有的财物，供养沙门，铸造佛像。而外道们从远地被召来，却无人过问。外道们心中觉得是惭愧和耻辱，就让我这个轻狂愚昧之徒，做这种凶险的事。”

戒日王于是追究外道们，有五百婆罗门，都是些很有才干的人，奉命前来参加法会。他们嫉妒沙门受到戒日王的礼遇和尊重，便发射火箭，烧毁宝台，想趁救火之时，人群发生混乱，在这时杀害戒日王。既没有机会钻空子，便雇用这人，到路口行刺。此时各国国王和大臣都请求杀掉这些外道，而戒日王却只惩罚了他们中的祸首，对其余的同伙不予问罪，把那五百个婆罗门驱逐出印度国境。戒日王于是又返回都城。

曲女城附近的佛迹

城西北的塔，是无忧王所建造的。从前如来曾在这里连续七天宣讲佛教的各种妙法。塔旁则有过去四佛的坐处和经行的遗迹，又有藏有如来头发和指甲的小塔。

说法塔的南面，靠近恒河，有三座伽蓝，同一院墙，各自有门。寺院内的佛像装饰华丽，僧徒严肃静穆，有数千余户净人，供僧人们役使。

精舍内一个宝匣中有佛牙，一寸半多长，发出一种奇特的光泽，早晚各不相同。远近的士人百姓都来到这里，集合在一起，朝拜瞻仰，每天有成百上千。守护佛牙的僧人讨厌这种喧闹和嘈杂，便做出收取重税的规定，通告远近，如果想见佛牙，必须交纳大枚金钱。然而瞻仰和礼拜的人仍然很多。人们虽然交纳金钱，心里高兴。每逢斋日，就把宝匣放在高座上，成百上千的人烧香散花。花虽然堆得满满的，但宝匣却不会被遮住。

伽蓝前面左右各有一座精舍，高一百余尺，以石头做基础，用砖修成。精舍内有佛像，装饰着各种珠宝，有的用金银铸成，有的用黄铜铸造。两座精舍前各有一座小伽蓝。

伽蓝东南边不远有一座大精舍，也是石头做基础，用砖修成，高二百余尺。精舍中有如来的立像，高三十余尺，用黄铜熔铸，像上装饰各种珍宝。精舍四周的石墙上，雕画着如来修菩萨行时所经历的事迹，非常细致。

石精舍南边不远，有太阳神的庙。太阳神庙南边不远，又有大自在天的神庙。两座庙都用青石装饰，雕刻精细，规模大小，与佛精舍一样。两座庙各有一千民户，为寺庙洒水扫地。鼓乐歌声，昼夜不停。

大城东南六七里，恒河南岸，有一座塔，高二百余尺，是无忧王所建造的。从前如来曾在这里连续六个月宣讲人身无常、苦、空、不净。塔旁边则有过去四佛的坐处及经行的遗迹。又有供养如来头发和指甲的小塔。人如果有病，只要诚心诚意地旋绕小塔，病就会痊愈，得到福利。

纳缚提婆矩罗城

从大城东南行一百余里，到纳缚提婆矩罗城。城在恒河的东岸，方圆二十余里。城内花林清池，互相映照。

纳缚提婆矩罗城的西北，恒河东岸，有一座外道的神庙，重阁层台，建造奇特。城东边五里，有三座伽蓝，同一院墙，各自有门。僧徒有五百余人，都学习小乘说一切有部。伽蓝前二百余步，有一座塔，是无忧王所建造的。塔基虽已倾斜下沉，仍高一百余尺，从前如来曾在这里说法七日。塔中有舍利，不时放出光芒。塔旁则有过去四佛的坐处和经行的遗迹。

伽蓝北边三四里，靠近恒河岸，有一座塔，高二百余尺，是无忧王所建造的，从前如来在这里说法七天。当时，有五百饿鬼来到佛所在的地方，闻佛法而觉悟，舍弃鬼身，转生到天上。

如来说法的塔旁边，有过去四佛的坐处和经行的遗迹。旁边则又有供奉如来头发和指甲的塔。

从此往东南行六百余里，渡过恒河，往南到阿逾陀国（在中印度境内）。

2　卷六

劫比罗伐窣堵国

原典

劫比罗伐窣堵国[①]，周四千余里，空城十数，荒芜已甚。王城颓圮，周量不详。其内宫城周十四五里，垒砖而成，基迹峻固。空荒久远，人里稀旷。无大君长，城各立主。土地良沃，稼穑时播。气序无愆，风俗和畅。伽蓝故基千有余所。而宫城之侧，有一伽蓝，僧徒三十余人，习学小乘正量部教。天祠两所，异道杂居。

宫城内有故基，净饭王正殿也。上建精舍，中作王像。其侧不远有故基，摩诃摩耶唐言“大术”夫人寝殿也。上建精舍，中作夫人之像。其侧精舍，是释迦菩萨降神母胎处，中作菩萨降神之像。上座部菩萨以嗢呾罗頞沙荼月三十日夜降神母胎，当此五月十五日。诸部则以此月二十三日夜降母胎，当此五月八日。

菩萨降神东北，有窣堵波，阿私多仙相太子处。菩萨诞灵之日，嘉祥辐凑。时净饭王召诸相师，而告之曰："此子生也，善恶何若？宜悉乃正，明言以对。"曰："依先圣之记，考吉祥之应，在家作转轮圣王，舍家当成等正觉。"是时阿私多仙自远而至，叩门请见。王甚庆悦，躬迎礼敬，请就宝座，曰："不意大仙今日降顾。"仙曰："我在天宫，安居宴坐，忽见诸天群从蹈舞。我时问言：'何悦豫之甚也？'曰：'大仙当知，赡部洲中，释种净饭王第一夫人，今产太子，当证三菩提，圆明一切智。'我闻是语，故来瞻仰。所悲朽耄，不遭圣化。"

城南门，有窣堵波，是太子与诸释角力掷象之处。太子伎艺多能，独拔伦匹。净饭大王怀庆将返，仆夫驭象，方欲出城。提婆达多素负强力，自外而入，问驭者曰："严驾此象，其谁欲乘？"曰："太子将还，故往奉驭。"提婆达多发愤引象，批其颡，蹴其臆。僵仆塞路，杜绝行途。无能转移，人众填塞。难陀后至，而问之曰："谁死此象？"曰："提婆达多。"即曳之僻路。太子至，又问曰："谁为不善，害此象耶？"曰："提婆达多害以杜门，难陀引之开径。"太子乃举象高掷，越度城堑。其象堕地，为大深坑，土俗相传为象堕坑也。其侧精舍中作太子像。其侧又有精舍，太子妃寝宫也，中作耶输陀罗并有罗怙罗像。宫侧精舍作受业之像，太子学堂故基也。

城东南隅，有一精舍，中作太子乘白马凌虚之像，是逾城处也。城四门外，各有精舍，中作老、病、死人、沙门之像，是太子游观，睹相增怀，深厌尘俗，于此感悟，命仆回驾。

城南行五十余里，至故城。有窣堵波，是贤劫中人寿六万岁时，迦罗迦村驮佛本生城也。城南不远有窣堵波，成正觉已见父之处。城东南窣堵波，有彼如来遗身舍利。前建石柱，高三十余尺，上刻师子之像，傍记寂灭之事，无忧王建焉。

迦罗迦村驮佛城东北行三十余里，至故大城。中有窣堵波，是贤劫中人寿四万岁时，迦诺迦牟尼佛本生城也。东北不远有窣堵波，成正觉已度父之处。次北窣堵波，有彼如来遗身舍利。前建石柱，高二十余尺，上刻师子之像，傍记寂灭之事，无忧王建也。

城东北四十余里，有窣堵波，是太子坐树阴，观耕田，于此习定而得离欲。净饭王见太子坐树阴，入寂定，日光回照，树影不移，心知灵圣，更深珍敬。

大城西北有数百千窣堵波，释种诛死处也。毗卢择迦王既克诸释，虏其族类，得九千九百九十万人，并从杀戮。积尸如莽，流血成池。天警人心，收骸瘗葬。

诛释西南，有四小窣堵波，四释种拒军处。初胜军王嗣位也，求婚释种。释种鄙其非类，谬以家人之女，重礼娉焉。胜军王立为正后，其产子男，是为毗卢择迦王。毗卢择迦欲就舅氏请益受业，至此城南，见新讲堂，即中憩驾。诸释闻之，逐而詈曰："卑贱婢子，敢居此室！此室诸释建也，拟佛居焉。"毗卢择迦嗣位之后，追复先辱，便兴甲兵，至此屯军。释种四人躬耕畎亩，便即抗拒，兵寇退散。已而入城，族人以为承轮王之祚胤，为法王之宗子，敢行凶暴，安忍杀害？污辱宗门，绝亲远放。四人被逐，北趣雪山。一为乌仗那国王，一为梵衍那国王，一为呬摩呾罗国王，一为商弥国王。奕世传业，苗裔不绝。

城南三四里尼拘律树林，有窣堵波，无忧王建也，释迦如来成正觉已，还国见父王为说法处。净饭王知如来降魔军已，游行化导，情怀渴仰，思得礼敬，乃命使请如来，曰："昔期成佛，当还本生。斯言在耳，时来降趾。"使至佛所，具宣王意。如来告曰："却后七日，当还本生。"使臣还以白王。净饭王乃告命臣庶，洒扫衢路，储积香华，与诸群臣四十里外伫驾奉迎。是时如来与大众俱，八金刚周卫，四天王前导，帝释与欲界天侍左，梵王与色界天侍右，诸苾刍僧列在其后。唯佛在众，如月映星。威神动三界，光明逾七曜。步虚空，至本生国。王与从臣礼敬已毕，俱共还国，止尼拘卢陀僧伽蓝。

其侧不远有窣堵波，是如来于大树下东面而坐，受姨母金缕袈裟。次此窣堵波，是如来于此度八王子及五百释种。

城东门内路左，有窣堵波，昔一切义成太子于此习诸技艺。门外有自在天祠，祠中石天像，危然起势，是太子在襁褓中所入祠也。净饭王自腊伐尼国迎太子还也，途次天祠，王曰："此天祠多灵鉴，诸释童稚，求祐必效，宜将太子至彼修敬。"是时傅母抱而入祠，其石天像起迎太子。太子已出，天像复坐。

城南门外路左，有窣堵波，是太子与诸释角艺射铁鼓。从此东南三十余里，有小窣堵波，其侧有泉，泉流澄镜，是太子与诸释引强校能。弦矢既分，穿过鼓表，至地没羽，因涌清流。时俗相传，谓之箭泉。人有疾病，饮沐多愈。远方之人，持泥以归，随其所苦，渍以涂额，灵神冥卫，多蒙痊愈。

箭泉东北行八九十里，至腊伐尼林，有释种浴池。澄清皎镜，杂华弥漫。其北二十四五步，有无忧华树，今已枯悴，菩萨诞灵之处。菩萨以吠舍佉月后半八日，当此三月八日。上座部则曰以吠舍佉月后半十五日，当此三月十五日。

次东窣堵波，无忧王所建，二龙浴太子处也。菩萨生已，不扶而行，于四方各七步，而自言曰："天上天下，唯我独尊！今兹而往，生分已尽。"随足所蹈，出大莲花。二龙踊出，住虚空中，而各吐水，一冷一暖，以浴太子。

浴太子窣堵波东，有二清泉。傍建二窣堵波，是二龙从地踊出之处。菩萨生已，支属宗亲莫不奔驰，求水盥浴。夫人之前，二泉涌出，一冷一暖，遂以浴洗。其南窣堵波，是天帝释捧接菩萨处。菩萨初出胎也，天帝释以妙天衣跪接菩萨。次有四窣堵波，是四天王抱持菩萨处也。菩萨从右胁生已，四大天王以金色氎衣捧菩萨，置金机上，至母前曰："夫人诞斯福子，诚可欢庆。诸天尚喜，况世人乎！"

四天王捧太子窣堵波侧不远，有大石柱，上作马像，无忧王之所建也。后为恶龙霹雳，其柱中折仆地。傍有小河，东南流，土俗号曰油河。是摩耶夫人产孕已，天化此池，光润澄净，欲令夫人取以沐浴，除去风虚。今变为水，其流尚腻。

从此东行，旷野荒林中二百余里，至蓝摩国（中印度境）。

注释

①**劫比罗伐窣堵国：**释迦牟尼佛诞生的国家，在古

代属于五印度的中印度。地域在今印度北方邦北部，包括相邻的尼泊尔部分地区。“劫比罗伐窣堵”既是都城的名字，又是国家的名字，梵文原文是Kapilavastu。旧城的确切位置在哪里，尚有争议。劫比罗伐窣堵是释迦族在公元前五六世纪建立的国家。在佛教的历史上，因为释迦牟尼诞生在这里，故成为圣地。玄奘到过这里，在《大唐西域记》中详细地记载了他的见闻和有关的一些历史和传说。近代的考古发现，有不少证实了玄奘的记载，例如玄奘讲到的在佛诞生处印度阿育王竖立的石柱。玄奘之前的法显以及之后的义净等中国僧人，也都到过这里。直到今天，世界各国的佛教徒，仍然不断地到这里来巡礼和朝拜。

译文

劫比罗伐窣堵国，方圆四千余里，有十来座空城，非常荒芜。王城倒塌，四周长度不详。内宫城方圆十四五里，垒砖砌成，基址高峻坚固。久已空荒，人烟稀少。没有大国王，各城自立君主。土地肥沃，庄稼适时播种。气候适宜，风俗和畅。伽蓝的旧基有千余所。宫城的旁边，有一座伽蓝，僧徒有三十余人，学习小乘正量部的教义。有外道的神庙二所，异道杂居。

释迦太子的传说

宫城内有旧的房基，原是净饭王的正殿。上面建有精舍，其中有净饭王的像。旁边不远又有旧的房基，原是摩诃摩耶（大唐的语言翻作“大术”）夫人的寝殿。上面建有精舍，其中有夫人的像。旁边有精舍，是释迦菩萨降生母胎的地方，其中有菩萨降生像。上座部说，菩萨在嗢呾罗频沙荼月三十日的夜间降生母胎，相当于中国的五月十五日。其他诸部则认为在此月的二十三日夜间降生母胎，相当于中国的五月八日。

菩萨降生处的东北边，有一座塔，是阿私多仙为太子看相的地方。菩萨降生的那天，出现了许多祥瑞。净饭王把各位相师召集来，对他们说：“这孩子出生，是善是恶？究竟怎么样，你们要细心推想，明白地告诉我。”大家说：“从先圣的预言和各种吉祥的朕兆来看，这孩子将来在家应该是转轮圣王，出家则能成等正觉。”这时阿私多仙从远处来，叩门请见。净饭王非常高兴，亲自起身去迎接，请阿私多仙坐在宝座上，说：“想不到大仙今日降临。”阿私多仙说：“我正在天宫安居宴坐，突然看见天神们群起舞蹈。我当时便问：‘你们为什么这么快乐呀？’他们回答说：‘大仙您要知道，赡部洲中释迦族净饭王的第一夫人今天生了一位太子，他将来要证得等正觉，圆明一切智。’我听了这话，因此下来瞻仰。遗憾的是我已经老朽了，赶不上他成圣那一天了。”

城的南门，有一座塔，是太子与释迦族的族人比赛力气，掷象的地方。太子多才多艺，无人匹敌。净饭王怀着高兴的心情将要归来，仆人们驾驭大象，正要出城去迎接。提婆达多向来自负力气大，从城外进来，问驾象人说：“你驾着这头象，是谁要乘？”驾象人回答说：“太子将要返回，所以奉命去迎接。”提婆达多生气地把象拉过来，打象的头，又用脚踢象的胸。象倒下来死去，尸体堵塞道路，断绝了交通。没有人能搬动它，堵了一大堆人。难陀随后来到，问驾象人道：“是谁打死了这象？”驾象人回答：“是提婆达多。”难陀便把象的尸体拖到旁边的路上去。太子来到，又问道：“是谁这么凶狠，打死了这头象？”驾象人回答说：“是提婆达多把象打死，堵塞了城门，难陀又将它拖走，把路让开的。”太子便把象高高举起，掷过城外的壕沟。死象堕地，成一大坑，这就是老百姓相传的象堕坑。在它旁边的精舍中，有太子像。再旁边又有精舍，是太子妃的寝宫，其中有耶输陀罗和罗怙罗的像。宫旁的精舍中又有太子学习像，这是太子学堂的旧址。

太子越城处

城东南角，有一座精舍，其中有太子乘白马腾空的像，是太子越城的地方。城的四门外，各有精舍，其中有老人、病人、死人、沙门的像，是太子出外游览时，看见这四种人，有感于怀，深深厌倦尘世，由此而觉悟，便命令仆人回驾归去。

二古佛本生处

从城南行五十余里，到一座旧城。城中有一座塔，这是贤劫中人寿六万岁时，迦罗迦村驮佛诞生的城。城的南边不远，有一座塔，是迦罗迦村驮佛成正觉后见父亲的地方。城东南的塔，有如来遗身舍利。前面建有石柱，高三十余尺，上面刻有狮子像，旁边记载着如来涅槃的事，是无忧王所建造的。

从迦罗迦村驮佛诞生的城向东北行三十余里，到一座大的旧城。城中有一座塔，这是贤劫中人寿四万岁时，迦诺迦牟尼佛诞生的城。东北边不远有一座塔，是迦诺迦牟尼佛成正觉后度父亲的地方。再往北不远有一座塔，内有如来遗身舍利。前面建有石柱，高二十余尺，上刻狮子像，旁边记载着如来涅槃的事，是无忧王所建造的。

太子坐树荫处

城东北四十余里，有一座塔，是太子坐在树荫下，观看耕田，在此入定，脱离世间情欲的地方。净饭王见太子坐在树荫下入定，阳光移动，但树荫却不移动，心中知道这是灵圣的表现，对太子更加珍重尊敬。

释种诛死处

大城的西北，有成百上千座塔，这是释迦族被杀死的地方。毗卢择迦王打败了释迦族以后，俘虏了释迦族，有九千九百九十万人，将他们全部杀死。尸体堆积如同丛林，血流成池。天神们为了警诫人心，将尸骨都收埋了起来。

在释迦族被杀死之地的西南，有四座小塔，是四位释迦族人在这里抵抗敌军的地方。当初胜军王登位时，曾向释迦族求婚。释迦族瞧不起他，认为他不是同一种姓的人，便用一个仆人的女儿骗他，让他重礼娉纳。胜军王把她立为正后，生下一个儿子，就是毗卢择迦王。毗卢择迦要到舅氏这边来就学，走到这城的南面，看见一座新讲堂，便进去休息。释迦族人知道了，把他赶了出去，还骂他道："你是一个卑贱奴婢的儿子，怎么敢进入这座房子！这房子是释迦族人建造，准备让佛来居住的。"毗卢择迦王继位以后，想起以前所受的侮辱，便兴兵来讨伐，让军队停在这里。有四位释迦族人正在地里耕种，马上起来抵抗，兵寇退散。事后四位释迦族人入城，族人们认为，释迦族继承的是转轮王的血统，是法王的后代，怎能够做凶暴的事，容忍去杀害别人？这玷污了宗族的名声，应该和他们断绝关系，把他们放逐到远处。这四个人被放逐，往北到了雪山。一个成为乌仗那国的国王，一个成为梵衍那国的国王，一个成为呬摩呾罗国的国王，一个成为商弥国的国王。世代相传，苗裔不绝。

释迦牟尼归见父王处

城南三四里的尼拘律树林中，有一座塔，无忧王所建，是释迦如来成正觉后，归国见父王，为父王说法的地方。净饭王知道如来已经降伏魔军，游行各处，化导人众，非常想念他，希望他能回来接受自己的礼敬，于是派了使者去请如来，说："从前如来说过，成佛后要回出生之地。这话现在还在我耳边，时候到了，请他降临。”使者到了佛的住所，传达了净饭王的意思。如来告诉使者说：“七天之后，我就会回到我的本生地。”使臣回来告诉净饭王。净饭王便命令臣民们，洒扫街道，预备好香花，他与群臣到四十里外的地方等候迎接。这时如来领着大批僧人，八位金刚四周侍卫，四位天王前面引导，帝释天与欲界的天神侍候在左边，梵王与色界的天神侍候在右边，比丘僧们跟随在后。佛在大众当中，像月亮映照众星一样。佛的神威惊动了三界，光明超过了七曜。佛在空中步行，来到本生国。净饭王和群臣向他礼敬后，一起进入城中，停留在尼拘卢陀僧伽蓝。

旁边不远有一座塔，是如来在大树下东面而坐，接受姨母金缕袈裟的地方。再过去还有一座塔，如来在此化度八王子以及五百释迦族人。

自在天神庙及箭泉

城的东门内，路的左边，有一座塔，从前一切义成太子曾在这里学习各种技艺。城门外有自在天神庙，庙中有石刻的天神像，高高地像是要站起来的模样，这是太子在襁褓中进入过的神庙。净饭王自腊伐尼国迎接太子回来，途中经过这座神庙，净饭王说：“这座神庙很灵验，释迦族的孩子求他保佑，都有效应，应该送太子进去致敬。”这时保姆抱着太子进入神庙，石头的天神像站起来迎接太子。太子出来，天神像又坐了下来。

城南门外，路的左边，有一座塔，是太子与释迦族人比武艺，射铁鼓的地方。从这里往东南三十余里，有一座小塔，塔旁边有泉，泉水澄清如镜，这是太子与释迦族人在这里牵引强弓，比赛本领的地方。箭射出去以后，穿破铁鼓，到这里没入地中，于是从这里流出清泉。老百姓相传，便称它为箭泉。人要有病，喝了泉水，用泉水洗澡，大多能痊愈。远方的人，则把泥土带回去，不管痛在什么地方，把泥土涂在额上，神灵保佑，大多能痊愈。

腊伐尼林及释迦牟尼诞生的传说

箭泉东北行八九十里，到腊伐尼林，有释迦族的浴池。池水澄清如镜，周围杂花弥漫。从此向北二十四五步，有无忧花树，今已枯萎，是菩萨诞生的地方。菩萨诞生的日子在吠舍佉月后半月的第八日，相当于中国的三月八日。上座部则认为是在吠舍佉月后半月的第十五日，相当于中国的三月十五日。

从此再往东，有一座塔，无忧王所建，是二龙浴太子的地方。菩萨生下来以后，不用人扶，便向四个方向各走七步，自己说道：“天上天下，唯我独尊！从今以后，不再转生。”随着他足踏的地方，出现大莲花。又有两条龙从地中跳出，停在空中，各自吐水，一冷一热，为太子沐浴。

浴太子塔的东边，有两处清泉。旁边建有两座塔，是二龙从地中跳出的地方。菩萨生下来后，家属和宗亲莫不赶来，求水为菩萨洗浴。在摩耶夫人的面前，有两处泉水涌出，一冷一热，便取以洗浴。泉水的南边，有一座塔，是天帝释捧接菩萨的地方。菩萨初出生时，天帝释以妙天衣跪接菩萨。再旁边有四座塔，是四大天王抱持菩萨的地方。菩萨从右胁生下来后，四大天王以金色棉布衣捧接菩萨，放置在金桌上，并到他母亲的面前说：“夫人生下了这位有福的孩子，真是令人高兴。天神们都喜悦，何况世人呢！”

四大天王捧接太子塔旁边不远，有一根大石柱，上有马的像，是无忧王所建的。后来石柱为恶龙霹雷所击，拦腰折断，倒在地上。旁边有小河，东南流，当地的老百姓称为油河。这是摩耶夫人生育后，天神变化出这池，光润澄净，让夫人取水沐浴，除去风虚。现在池中的油已经变成水，但水流仍然滑腻。

从此往东，在旷野荒林中行二百余里，到蓝摩国(在中印度境内)。

拘尸那揭罗国

原典

拘尸那揭罗国[1]，城郭颓毁，邑里萧条。故城砖基周十余里，居人稀旷，闾巷荒芜。

城内东北隅，有窣堵波，无忧王所建，准陀旧曰“纯陀”，讹也。之故宅也。宅中有井，将营献供，方乃凿焉。岁月虽淹，水犹清美。

城西北三四里，渡阿恃多伐底河唐言“无胜”，此世共称耳。旧云“阿利罗跋提河”，讹也。典言谓之“尸赖拏伐底河”，译曰“有金河”。。西岸不远，至娑罗林。其树类槲，而皮青白，叶甚光润。四树特高，如来寂灭之所也。其大砖精舍，中作如来涅槃之像，北首而卧。傍有窣堵波，无忧王所建。基虽倾陷，尚高二百余尺。前建石柱，以记如来寂灭之事。虽有文记，不书日月。

闻诸先记曰：佛以生年八十，吠舍佉月后半十五日入般涅槃，当此三月十五日也。说一切有部则佛以迦剌底迦月后半八日入般涅槃，当此九月八日也。自佛涅槃，诸部异议，或云千二百余年，或云千三百余年，或云千五百余年，或云已过九百，未满千年。

精舍侧不远，有窣堵波，是如来修菩萨行时，为群雉王，救火之处。昔于此地，有大茂林，毛群羽族巢居穴处。惊风四起，猛焰飚急。时有一雉，有怀伤愍，鼓濯清流，飞空奋洒。时天帝释俯而告曰：“汝何守愚，虚劳羽翮？大火方起，焚燎林野，岂汝微躯所能扑灭？”雉曰：“说者为谁？”曰：“我天帝释耳。”雉曰：“今天帝释有大福力，无欲不遂，救灾拯难，若指诸掌。反诘无功，其咎安在？猛火方炽，无得多言！”寻复奋飞，往趣流水。天帝遂以掬水，泛洒其林。火灭烟消，生类全命。故今谓之救火窣堵波也。

雉救火侧不远，有窣堵波，是如来修菩萨行时，为鹿救生之处。乃往古昔，此有大林。火炎中野，飞走穷窘。前有驶流之厄，后困猛火之难，莫不沉溺，丧弃身命。其鹿恻隐，身据横流，穿皮断骨，自强拯溺。蹇兔后至，忍疲苦而济之。筋力既竭，溺水而死。诸天收骸，起窣堵波。

鹿拯溺西不远，有窣堵波，是苏跋陀罗唐言“善贤”。旧曰“须跋陀罗”，讹也。入寂灭之处。善贤者，本梵志师也，年百二十，耆旧多智。闻佛寂灭，至双树间，问阿难曰：“佛世尊将寂灭，我怀疑滞，愿欲请问。”阿难曰：“佛将涅槃，幸无扰也。”曰：“吾闻佛世难遇，正法难闻。我有深疑，恐无所请。”善贤遂入，先问佛言：“有诸别众，自称为师，各有异法，垂训导俗，乔答摩旧曰“瞿昙”，讹略也。能尽知耶？”佛言：“吾悉深究。”

乃为演说。善贤闻已，心净信解，求入法中，受具足戒。如来告曰："汝岂能耶？外道异学修梵行者，当试四岁。观其行，察其性，威仪寂静，辞语诚实，则可于我法中净修梵行。在人行耳，斯何难哉？"善贤曰："世尊悲愍，含济无私。四岁试学，三业方顺。"佛言："我先已说，在人行耳。"

于是善贤出家，即受具戒。勤励修习，身心勇猛。已而于法无疑，自身作证。夜分未久，果证罗汉。诸漏已尽，梵行已立，不忍见佛入大涅槃，即于众中入火界定②，现神通事，而先寂灭。是为如来最后弟子，乃先灭度。即昔后渡蹇兔是也。

善贤寂灭侧有窣堵波，是执金刚躄地之处。大悲世尊，随机利见，化功已毕，入寂灭乐，于双树间北首而卧。执金刚神密迹力士见佛灭度，悲恸唱言："如来舍我入大涅槃，无归依，无覆护！"毒箭深入，愁火炽盛，舍金刚杵，闷绝躄地。久而又起，悲哀恋慕，互相谓曰："生死大海，谁作舟楫？无明长夜，谁为灯炬？"

金刚躄地侧有窣堵波，是如来寂灭已，七日供养之处。如来之将寂灭也，光明普照，人天毕会。莫不悲感，更相谓曰："大觉世尊今将寂灭，众生福尽，世间无依！"如来右胁卧师子床，告诸大众："勿谓如来毕竟寂灭，法身常住，离诸变易。当弃懈怠，早求解脱。"诸苾刍等歔欷悲恸。时阿泥𠍴(卢骨反)陀(旧曰“阿那律”，讹也。)告诸苾刍：“止止，勿悲，诸天讥怪。”时末罗众供养已讫，欲举金棺，诣涅叠般那所。时阿泥𠍴陀告言：“且止，诸天欲留七日供养。”于是天众持妙天华，游虚空，赞圣德，各竭诚心，共兴供养。

停棺侧有窣堵波，是摩诃摩耶夫人哭佛之处。如来寂灭，棺敛已毕，时阿泥𠍴陀上升天宫，告摩耶夫人曰：“大圣法王今已寂灭。”摩耶闻已，悲哽闷绝，与诸天众，至双树间。见僧伽胝、钵及锡杖，拊之号恸，绝而复声曰：“人天福尽，世间眼灭。今此诸物，空无有主！”如来圣力，金棺自开，放光明。合掌坐，慰问慈母：“远来下降，诸行法尔，愿勿深悲！”阿难衔哀而请佛曰：“后世问我，将何以对？”曰：“佛已涅槃，慈母摩耶自天宫降，至双树间。如来为诸不孝众生，从金棺起，合掌说法。”

城北渡河三百余步，有窣堵波，是如来焚身之处。地今黄黑，土杂灰炭。至诚求请，或得舍利。如来寂灭，人天悲感。七宝为棺，千氎缠身。设香华，建幡盖。末罗之众奉舆发引，前后导从，北渡金河。盛满香油，积多香木，纵火以焚。二氎不烧，一极衬身，一最覆外。为诸众生分散舍利，唯有发爪俨然无损。

焚身侧有窣堵波，如来为大迦叶波现双足处。如来金棺已下，香木已积，火烧不然。众咸惊骇，阿泥㺄陀言："待迦叶波耳。"时大迦叶波与五百弟子自山林来，至拘尸城，问阿难曰："世尊之身，可得见耶？"阿难曰："千氎缠络，重棺周敛，香木已积，即事焚烧。"是时佛于棺内为出双足，轮相之上见有异色。问阿难曰："何以有此？"曰："佛初涅槃，人天悲恸，众泪迸染，致斯异色。"迦叶波作礼，旋绕兴赞。香木自然，大火炽盛。故如来寂灭，三从棺出：初出臂，问阿难治路；次起坐，为母说法；后现双足，示大迦叶波。

现足侧有窣堵波，无忧王所建也，是八王分舍利处。前建石柱，刻记其事。佛入涅槃后，涅叠般那已，诸八国王，备四兵至。遣直性婆罗门谓拘尸力士曰："天人导师，此国寂灭，故自远来，请分舍利。"力士曰："如来降尊，即斯下土。灭世间明导，丧众生慈父。如来舍利，自当供养。徒疲道路，终无得获。"

时诸大王逊辞以来，既不相允，重谓之曰："礼请不从，兵威非远。"直性婆罗门扬言曰："念哉，大悲世尊忍修福善，弥历旷劫，想所具闻。今欲相凌，此非宜也。今舍利在此，当均八分，各得供养，何至兴兵？"诸力士依其言，即时均量，欲作八分。帝释谓诸王曰："天当有分，勿恃力竞。"阿那婆答多龙王、文邻龙王、医那钵呾罗龙王复作是议："无遗我曹。若以力者，众非敌矣。"直性婆罗门曰："勿喧诤也，宜共分之。"即作三分：一诸天，二龙众，三留人间，八国重分。天龙人王，莫不悲感。

分舍利窣堵波西南行二百余里，至大邑聚。有婆罗门，豪右巨富，确乎不杂，学究五明，敬崇三宝。接其居侧，建立僧坊，穷诸资用，备尽珍饰。或有众僧，往来中路，殷勤请留，罄心供养。或止一宿，乃至七日。其后设赏迦王毁坏佛法，众僧绝侣。岁月骤淹，而婆罗门每怀恳恻。经行之次，见一沙门，庬眉皓发，杖锡而来。婆罗门驰往迎逆，问所从至，请入僧坊，备诸供养。旦以淳乳煮粥进焉。沙门受已，才一哜齿，便即置钵，沉吟长息。婆罗门侍食，跪而问曰："大德慧利随缘，幸见临顾，为夕不安耶，为粥不味乎？"沙门愍然告曰："吾悲众生，福祐渐薄。斯言且置，食已方说。"

沙门食讫，摄衣即路。婆罗门曰："向许有说，今何无言？"沙门告曰："吾非忘也，谈不容易，事或致疑。必欲得闻，今当略说。吾向所叹，非薄汝粥，自数百年，不尝此味。昔如来在世，我时预从，在王舍城竹林精舍，俯清流而涤器，或以澡漱，或以盥沐。嗟乎今之淳乳，不及古之淡水。此乃人天福灭使之然也。"婆罗门曰："然则大德乃亲见佛耶？"沙门曰："然。汝岂不闻佛子罗怙罗者，我身是也。为护正法，未入寂灭。"说是语已，忽然不见。婆罗门遂以所宿之房，涂香洒扫，像设仪肃，其敬如在。

复大林中行五百余里，至婆罗痆女黠反斯国旧曰“波罗奈国”，讹也。中印度境。。

注释

①**拘尸那揭罗国：**释迦牟尼佛最后入涅槃的地方，在古代属于五印度的中印度。“拘尸那揭罗”一名的梵文原文是Kuśīnagara。故城一般认为在今印度北方邦境内的戈勒克布尔县（Gorakhpur dist.）东约五十六公里处的伽西亚村。因为佛在此入涅槃，这里遂成为佛教的圣地。古代中国到印度求法的僧人，没有不到这里来瞻仰的。

②**火界定：**又称火界三昧、火光三昧、火生三昧，乃由己身发出火焰之禅定。

译文

拘尸那揭罗国，城郭颓毁，邑里萧条。旧城的砖基方圆十余里，居民稀少，街巷荒芜。

准陀旧居

城内东北角，有一座塔，无忧王所建，原是准陀

（旧译“纯陀”，是错误的）的旧居。旧居内有井，是准陀为了供养佛而开凿的。虽然岁月已经过去很久，但水仍清美。

娑罗林及释迦牟尼涅槃处

城西北三四里，渡过阿恃多伐底河（大唐的语言翻作“无胜”，这是一般的称呼。过去称作“阿利罗跋提河”，是错误的。典语称作“尸赖拏伐底河”，意译“有金河”）。西岸不远，到娑罗林。娑罗树看着类似槲树，但树皮青白，树叶很光润。其中有四棵树特高，是如来涅槃的地方。有砖砌的大精舍，其中有如来涅槃像，头向北而卧。旁边有一座塔，是无忧王所建的。塔基虽已倾陷，仍然高二百余尺。塔前建有石柱，记载如来涅槃的事。虽有文字记载，但没有记日月。

据过去的记载说：佛在八十岁时，在吠舍佉月后半月的第十五日入涅槃，相当于中国的三月十五日。说一切有部则认为佛在迦剌底迦月后半月的第八日入涅槃，相当于中国的九月八日。自从佛涅槃后，各部派说法不一，或者说已经一千二百余年，或者说已经一千三百余年，或者说已经一千五百余年，或者说已经过了九百年，未满一千年。

雉王本生故事

精舍的旁边不远，有一座塔，是如来修菩萨行时，做群雉王救火的地方。从前，这里有一大片茂密的树林，鸟兽在此巢居穴处。忽然狂风四起，林中大火冲天。这时有一只雉鸟，心怀悲悯，飞到河里，把羽毛浇湿，又飞回树林上空，奋力把水洒下来。这时天帝释俯身告诉雉鸟说："你为什么这么愚蠢，枉费羽翼之劳？大火燃起，焚烧林野，岂是你小小的身躯所能扑灭的？"雉鸟问："这是谁在说话呀？"答道："我是天帝释。"雉鸟说："天帝释有大福力，没有办不到的事，救灾拯难，易如反掌。现在不但不来相救，反而责备我徒劳无功，你的责任哪里去了？现在火势正旺，不要再多说了！"雉鸟又奋力飞向河边。天帝便用双手捧起水，遍洒树林。顿时火灭烟消，众生的生命赖以保全。所以现在称这座塔为救火塔。

救生鹿本生故事

雉鸟救火处的旁边不远，有一座塔，是如来修菩萨行时，做一只鹿救生的地方。很早很早以前，这里有一片大树林。野火燃烧，飞禽走兽走投无路，四处乱窜。前有急流，后有烈火，野兽们掉在河里，丢掉了性命。这一只鹿心怀恻隐，身据急流，皮穿骨断，奋力拯救掉在河里的野兽。跛兔最后来到，鹿忍着疲乏和痛苦，将兔渡过河去。最后筋疲力尽，掉进水中而死。天神们将尸骨收起来，建起一座塔。

善贤证果处

鹿救生塔的西边不远，有一座塔，是苏跋陀罗（大唐的语言翻作“善贤”。旧译“须跋陀罗”，是错误的）入寂灭的地方。善贤原来是婆罗门师，年龄一百二十岁，年长而多智。他听说佛将要入寂灭，便来到双树间，问阿难说：“佛世尊将要入寂灭，我还有一些疑难，想向他请教。”阿难说：“佛将要涅槃，请不要打扰他吧。”善贤说：“我听说佛在世上这样的时候，很不容易遇到，正法也难于听到。现在我有很难解决的疑问，恐怕以后无法向人请教了。”善贤进去，先问佛说：“有各种派别的人，自称为师，各有不同的主张，训导一般大众，乔答摩（旧译“瞿昙”，是错误的）能都知道吗？”佛说：“我都做过很深的研究。”

佛于是对善贤一一解说。善贤听罢，完全理解，心悦诚服，请求进入法门，受具足戒。如来告诉他说："你能行吗？外道异学中想修习梵行的人，要试验四年。观看他们的行为，考察他的性情，如果威仪寂静，言语诚实，才可以在我法门中修习梵行。但这也是事在人为，没有什么困难的。"善贤说："世尊悲天悯人，济世无私。四年考验，身、口、意三业合格，就可以通过。"佛说："我先前已经说过，事在人为。"

于是善贤出家，受具足戒。他勤奋修习，身和心都勇猛精进。此后他对佛法坚信无疑，并且要用自身去证明。半夜后不久，果然证得阿罗汉果。他一切烦恼已尽，梵行已成，不忍看见佛入大涅槃，便在大众中入火界定，现出神通，而先入寂灭。这是如来最后一个先佛灭度的弟子。他就是从前最后求渡的跛兔。

执金刚扑地处

善贤寂灭处的旁边有一座塔，是执金刚扑地的地方。大悲世尊根据众生的根机而施以教化，教化之功完毕，便进入涅槃的安乐之中，在双树间，头向北而卧。执金刚神密迹力士见佛灭度，悲伤地喊道："如来舍弃我们进入大涅槃，我们无所皈依，无人保护了！"执金刚神像被毒箭射中，被忧愁的大火烧身一样，丢掉金刚杵，闷绝扑地。不久又苏醒过来，心中悲哀，怀念世尊，相互说道：“在生死的大海中，有谁做我们的舟楫？在无明的长夜里，有谁为我们燃灯照明？”

释迦牟尼寂灭诸神异传说

金刚扑地处的旁边有一座塔，是如来入寂灭后，受七日供养的地方。如来将要入寂灭的时候，光明普照，人和天神们都来了。大家莫不悲伤，相互说道：“大觉世尊现在将要寂灭，众生福尽，人世间无所皈依了！”如来右卧在狮子床上，告诉大家说：“不要以为如来真的寂灭了，如来的法身常住，不会变化。你们不要放松努力，争取早日得到解脱。”比丘们唏嘘悲恸。这时阿泥㨖（卢骨反）陀（旧译“阿那律”，是错误的）对比丘们说：“停住停住，不要悲伤了，天神们就要讥怪了。”这时末罗族人已供养完毕，正要抬金棺到火化的地方去。阿泥㨖陀又说：“暂且停下，天神们要留下金棺，供养七天。”于是天神们手持美妙的天花，往来空中，称赞圣德，各自怀着虔诚的心，共修供养。

停棺处的旁边有一座塔，是摩诃摩耶夫人哭佛的地方。如来寂灭后，棺殓已毕，这时阿泥㨖陀上升天宫，告诉摩耶夫人说：“大圣法王现在已经寂灭。”摩耶夫人听了，悲哽闷绝，跟天神们一起来到双树间。她见到僧衣、钵和锡杖，抚摩痛哭，绝而复苏，说道："人和天神的福分尽了，世界的眼睛陨灭了。这些东西，今后都没有主人了！"由于如来神圣的力量，金棺自开，放射光明。如来合掌而坐，慰问慈母说："您从远处下降到这里，诸行之法就是如此，请您不要太悲伤！"阿难伤心地问佛："后世的人问到我这件事，我将怎么回答呢？"如来说："佛已经涅槃，慈母摩耶夫人自天宫下来，到双树间。如来为了那些不孝的众生，从金棺坐起，合掌说法。"

从城北渡河，行三百余步，有一座塔，是如来焚身的地方。地上如今颜色黄黑，土中杂有灰炭。如果虔诚地祈求，有时能得到舍利。如来寂灭时，人和天神悲伤。用七种珍宝做成棺木，用千层棉布缠身。摆设香花，建立幡盖。末罗族人抬着棺舆前引，前后导从，向北渡过金河。大家倒满香油，堆积起很多香木，点起火，焚烧金棺。有两层棉布没有烧着，一层是最里的衬身，一层覆在最外。众人分发舍利，只有发和爪一点也没损坏。

焚身处旁边有一座塔，是如来为大迦叶波现双足的地方。如来的金棺卸下后，香木已经堆起，点了火却烧不起来。大家既惊奇又害怕，阿泥𠰉陀说："这是在等候迦叶波。"这时大迦叶波正与五百弟子从山林中出来，到了拘尸城，问阿难道："世尊的身体还可以看到吗？"阿难说："已经用千层棉布缠绕，重棺入殓，香木已经堆积好，马上就要焚烧了。"这时佛从棺内为大迦叶波伸出双足，双足轮相上现出奇异的颜色。迦叶波问阿难说："为什么会有这种颜色呢？"阿难回答："佛最初涅槃的时候，人和天神们悲恸，大家的眼泪流下来，便染成这奇异的颜色。"迦叶波行礼，旋绕金棺，赞颂如来。这时香木自燃，大火炽盛。所以如来寂灭，三从棺出：第一次伸出手臂，问阿难路怎么走；第二次坐起来，为母亲说法；最后现出双足，给大迦叶波看。

八王分舍利的传说

现足处的旁边有一座塔，无忧王所建，是八位国王分舍利的地方。塔前建有石柱，上面刻记着这件事。佛入涅槃后，焚化完毕，八国的国王也率领步、马、车、象四兵来了。他们派遣直性婆罗门对拘尸力士说道："天神和人的导师在此国涅槃，因此我们从远处来，请求分给舍利。"力士们说："如来世尊，降临在我们这里。世界的导师寂灭了，众生的慈父丧失了。如来的舍利，自应由我们供养。你们只是在路上徒劳奔走，什么也得不到。"

当时，大王们客气地请求既然没有得到满足，就又说道："我们客气地请求既然不能答应，使用武力就不远了。"直性婆罗门高声说："想一想吧，大悲世尊慈悲忍辱，修福习善，经历了种种劫难，想来你们都已知道。现在要以武力相加，这太不合适。现在舍利在这里，可以平分为八份，各国都得供养，何至于要兴兵动武呢？"力士们依了他的话，马上准备平均量出八份。帝释天对国王们说："天神们也应当有一份，不要只凭恃武力。"阿那婆答多龙王、文邻龙王、医那钵呾罗龙王又提出意见："不要把我们给忘了。如果要使用武力的话，大家都不是我们的对手。"直性婆罗门说："不要吵闹了，大家平分吧。"于是把舍利分作三份：第一份给天神们，第二份给龙王们，第三份留在人间，由八国重分。天神、龙王以及国王们，莫不悲感交集。

大邑聚及罗怙罗的传说

从分舍利塔往西南行二百余里，到一个大村镇。有一位婆罗门，是个大富豪，行为与一般人不同，专心研究五明，崇敬三宝。他在住宅旁边建立了一座僧坊，设备周全，用各种珍宝做装饰。如有行路的僧人中途到达这里，都受到殷勤挽留，悉心供养。或者住一夜，或者一直住七天。后来设赏迦王毁坏佛法，来往的僧人便没有了。岁月过得很快，而婆罗门时常怀念僧人。他一次经行，看见一位粗眉白发的沙门，持着锡杖走来。婆罗门赶忙上前迎接，问他从哪里来，到哪里去，请他进入僧坊，准备各种物品供养。早上，婆罗门用最好的牛奶煮粥进奉。沙门接受后，刚尝一口，便放下钵，沉吟叹息。婆罗门侍候在侧，跪着问道："大德智慧随缘，幸蒙光临，您叹息是因为晚上睡得不好呢，还是粥的味道不好呢？"沙门难过地说："我是伤心，众生的福佑日渐淡薄。且不说这话，吃完饭再说吧。"

沙门吃完饭，提起衣服就要上路。婆罗门说："刚才您说有话要讲，现在为什么不说了？"沙门对他说道："不是我忘记了，而是不容易说清楚，事情说得不清楚，反生疑问。如果您一定要知道，那就简单地说吧。我刚才叹息的，不是觉得您的粥不好，而是数百年来我没有尝到这种味道了。过去如来在世的时候，我经常跟随他，在王舍城竹林精舍中，在清澈的流水中洗涤器物，或者洗漱，或者沐浴。可叹今天最好的牛奶还比不上古时的淡水。这是人和天神的福分减少了的缘故。"婆罗门说："那么大德曾经亲眼见过佛了？"沙门说："对。您没听说过佛的儿子罗怙罗吧，我就是罗怙罗。我为了维护正法，所以未入寂灭。"说完后，忽然不见。婆罗门便将他住过的房间涂香洒扫，恭敬地设立了他的像，敬奉他就像他在的时候一样。

从这里再进入大森林中行五百余里，到婆罗痆（女黠反）斯国（旧译“波罗奈国”，是错误的。在中印度境内）。

3　卷七

婆罗痆斯国

原典

婆罗痆斯国[①]，周四千余里。国大都城西临殑伽河，长十八九里，广五六里。闾阎栉比，居人殷盛。家积巨万，室盈奇货。人性温恭，俗重强学。多信外道，少敬佛法。气序和，谷稼盛。果木扶疏，茂草霍靡。伽蓝三十余所，僧徒三千余人，并学小乘正量部法。天祠百余所，外道万余人，并多宗事大自在天。或断发，或椎髻，露形无服，涂身以灰。精勤苦行，求出生死。

大城中天祠二十所，层台祠宇，雕石文木。茂林相荫，清流交带。鍮石天像，量减百尺。威严肃然，懔懔如在。

大城东北婆罗痆河西，有窣堵波，无忧王之所建也，高百余尺。前建石柱，碧鲜若镜，光润凝流，其中常现如来影像。

婆罗痆河东北行十余里，至鹿野伽蓝。区界八分，连垣周堵。层轩重阁，丽穷规矩。僧徒一千五百人，并学小乘正量部法。大垣中有精舍，高二百余尺，上以黄金隐起作庵没罗果。石为基阶，砖作层龛，翕匝四周，节级百数，皆有隐起黄金佛像。精舍之中，有鍮石佛像，量等如来身，作转法轮势。

精舍西南，有石窣堵波，无忧王建也。基虽倾陷，尚余百尺。前建石柱，高七十余尺。石含玉润，鉴照映彻。殷勤祈请，影见众像。善恶之相，时有见者。是如来成正觉已，初转法轮处也。

其侧不远窣堵波，是阿若憍陈如等见菩萨舍苦行，遂不侍卫，来至于此，而自习定。其傍窣堵波，是五百独觉同入涅槃处。又三窣堵波，过去三佛坐及经行遗迹之所。

三佛经行侧，有窣堵波，是梅呾丽耶唐言“慈”，即姓也。旧曰“弥勒”，讹略也。菩萨受成佛记处。昔者如来在王舍城鹫峰山，告诸苾刍：“当来之世，此赡部洲，土地平正，人寿八万岁，有婆罗门子慈氏者，身真金色，光明照朗，当舍家成正觉，广为众生三会说法。其济度者，皆我遗法植福众生也。其于三宝，深敬一心，在家出家，持戒犯戒，皆蒙化导，证果解脱。三会说法之中，度我遗法之徒，然后乃化同缘善友。”是时慈氏菩萨闻佛此说，从坐起，白佛言：“愿我作彼慈氏世尊。”如来告曰：“如汝所言，当证此果。如上所说，皆汝教化之仪也。”

慈氏菩萨受记西，有窣堵波，是释迦菩萨受记之处。贤劫中人寿二万岁，迦叶波佛出现于世，转妙法轮，开化含识，授护明菩萨记曰：“是菩萨于当来世，众生寿命百岁之时，当得成佛，号释迦牟尼。”

释迦菩萨受记南不远，有过去四佛经行遗迹，长五十余步，高可七尺，以青石积成。上作如来经行之像，像形杰异，威严肃然，肉髻之上特出须发。灵相无隐，神鉴有征。

于其垣内，圣迹实多，诸精舍窣堵波数百余所。略举二三，难用详述。

伽蓝垣西，有一清池，周二百余步，如来尝中盥浴。次西大池，周一百八十步，如来尝中涤器。次北有池，周百五十步，如来尝中浣衣。凡此三池，并有龙止。其水既深，其味又甘，澄净皎洁，常无增减。有人慢心濯此池者，金毗罗兽多为之害。若深恭敬，汲用无惧。浣衣池侧大方石上，有如来袈裟之迹，其文明彻，焕如雕镂。诸净信者，每来供养。外道凶人轻蹈此石，池中龙王便兴风雨。

池侧不远，有窣堵波，是如来修菩萨行时，为六牙象王。猎人利其牙也，诈服袈裟，弯弧伺捕。象王为敬袈裟，遂捩牙而授焉。

捩牙侧不远，有窣堵波，是如来修菩萨行时，愍世无礼，示为鸟身，与彼猕猴、白象，于此相问，谁先见是尼拘律树。各言事迹，遂编长幼。化渐远近，人知上下，道俗归依。

其侧不远大林中，有窣堵波，是如来昔与提婆达多俱为鹿王，断事之处。昔于此处大林之中，有两群鹿，各五百余。时此国王，畋游原泽。菩萨鹿王前请王曰："大王校猎中原，纵燎飞矢，凡我徒属，命尽兹晨。不日腐臭，无所充膳。愿欲次差，日输一鹿。王有割鲜之膳，我延旦夕之命。"王善其言，回驾而返。两群之鹿，更次输命。提婆群中，有怀孕鹿，次当就死，白其王曰："身虽应死，子未次也。"鹿王怒曰："谁不宝命？"雌鹿叹曰："吾王不仁，死无日矣！"

乃告急菩萨鹿王。鹿王曰："悲哉慈母之心，恩及未形之子！吾今代汝。"遂至王门。道路之人，传声唱曰："彼大鹿王，今来入邑！"都人士庶，莫不驰观。王之闻也，以为不诚。门者白王，王乃信然，曰："鹿王何遽来耶？"

鹿曰：“有雌鹿当死，胎子未产。心不能忍，敢以身代。”王闻叹曰：“我人身鹿也，尔鹿身人也。”于是悉放诸鹿，不复输命。即以其林为诸鹿薮，因而谓之施鹿林焉。鹿野之号，自此而兴。

伽蓝西南二三里，有窣堵波，高三百余尺。基趾广峙，莹饰奇珍。上无层龛，便置覆钵。虽建表柱，而无轮铎。其侧有小窣堵波，是阿若憍陈如等五人弃制迎佛处也。初，萨婆曷刺他悉陀唐言“一切义成”。旧曰“悉达多”，讹略也。太子逾城之后，栖山隐谷，忘身殉法。净饭王乃命家族三人、舅氏二人曰：“我子一切义成舍家修学，孤游山泽，独处林薮，故命尔曹，随知所止。内则叔父伯舅，外则既君且臣。凡厥动静，宜知进止。”五人衔命，相望营卫。因即勤求，欲期出离。每相谓曰：“夫修道者，苦证耶，乐证耶？”二人曰：“安乐为道。”三人曰：“勤苦为道。”二三交争，未有以明。

于是太子思维至理，为伏苦行外道，节麻米以支身。彼二人者，见而言曰：“太子所行，非真实法。夫道也者，乐以证之。今乃勤苦，非吾徒也。”舍而远遁，思维果证。

太子六年苦行，未证菩提，欲验苦行非真，受乳糜而证果。斯三人者，闻而叹曰：“功垂成矣，今其退矣。六年苦行，一旦捐功！”于是相从，求访二人。既相见已，匡坐高论，更相议曰："昔见太子一切义成，出王宫，就荒谷，去珍服，披鹿皮，精勤励志，贞节苦心，求深妙法，期无上果。今乃受牧女乳糜，败道亏志。吾知之矣，无能为也。"彼二人曰："君何见之晚欤！此猖蹶人耳。夫处乎深宫，安乎尊胜，不能静志，远迹山林。弃转轮王位，为鄙贱人行，何可念哉，言增忉怛耳！"

菩萨浴尼连河，坐菩提树，成等正觉，号天人师，寂然宴默，惟察应度，曰："彼郁头蓝子者，证非想定[②]，堪受妙法。"空中诸天，寻声报曰："郁头蓝子命终已来，经今七日。"如来叹惜："如何不遇，垂闻妙法，遽从变化。"重更观察，营求世界："有阿蓝迦蓝，得无所有处定[③]，可授至理。"诸天又曰："终已五日。"如来再叹，愍其薄祐。又更谛观，谁应受教，唯施鹿林中有五人者，可先诱导。如来尔时起菩提树，趣鹿野园。威仪寂静，神光晃曜，毫含玉彩，身真金色，安详前进，导彼五人。斯五人遥见如来，互相谓曰："一切义成，彼来者是。岁月遽淹，圣果不证，心期已退，故寻吾徒。宜各默然，勿起迎礼。"如来渐近，威神动物。五人忘制，拜迎问讯，侍从如仪。如来渐诱，示之妙理。雨安居毕，方获果证。

施鹿林东行二三里，至窣堵波，傍有涸池，周八十余步，一名"救命"，又谓"烈士"。闻诸先志曰：数百年前，有一隐士，于此池侧，结庐屏迹。博习伎术，究极神理，能使瓦砾为宝，人畜易形，但未能驭风云，陪仙驾。阅图考古，更求仙术。其方曰："夫神仙者，长生之术也。将欲求学，先定其志。筑建坛场，周一丈余。命一烈士，信勇昭著，执长刀，立坛隅，屏息绝言，自昏达旦。求仙者中坛而坐，手按长刀，口诵神咒，收视反听，迟明登仙。所执铦刀，变为宝剑。凌虚履空，王诸仙侣，执剑指麾，所欲皆从。无衰无老，不病不死。"

是人既得仙方，行访烈士。营求旷岁，未谐心愿。后于城中遇见一人，悲号逐路。隐士睹其相，心甚庆悦，即而慰问："何至怨伤？"曰："我以贫窭，佣力自济。其主见知，特深信用，期满五岁，当酬重赏。于是忍勤苦，忘艰辛。五年将周，一旦违失，既蒙笞辱，又无所得。以此为心，悲悼谁恤？"隐士命与同游，来至草庐，以术力故，化具肴馔。已而令入池浴，服以新衣。又以五百金钱遗之曰："尽当来求，幸无外也。"自时厥后，数加重赂，潜行阴德，感激其心。烈士屡求效命，以报知己。隐士曰："我求烈士，弥历岁时，幸而会遇，奇貌应图。非有他故，愿一夕不声耳。"烈士曰："死尚不辞，岂徒屏息？"

于是设坛场，受仙法，依方行事，坐持日曛。曛暮之后，各司其务。隐士诵神咒，烈士按铦刀。殆将晓矣，忽发声叫。是时空中火下，烟焰云蒸。隐士疾引此人，入池避难。已而问曰："诫子无声，何以惊叫？"烈士曰："受命后至夜分，惛然苦梦，变异更起。见昔事主，躬来慰谢。感荷厚恩，忍不报语。彼人震怒，遂见杀害。受中阴身，顾尸叹惜。犹愿历世不言，以报厚德。遂见托生南印度大婆罗门家，乃至受胎、出胎，备经苦厄。荷恩荷德，尝不出声。洎乎受业、冠婚、丧亲、生子，每念前恩，忍而不语。宗亲戚属，咸见怪异。年过六十有五，我妻谓曰：'汝可言矣。若不语者，当杀汝子！'我时惟念，已隔生世，自顾衰老，唯此稚子。因止其妻，令无杀害，遂发此声耳。"

隐士曰："我之过也，此魔娆耳。"烈士感恩，悲事不成，愤恚而死。免火灾难，故曰"救命"。感恩而死，又谓"烈士池"。

烈士池西，有三兽窣堵波，是如来修菩萨行时烧身之处。劫初时于此林野，有狐、兔、猿，异类相悦。时天帝释欲验修菩萨行者，降灵应化，为一老夫，谓三兽曰："二三子善安隐乎？无惊惧耶？"曰："涉丰草，游茂林，异类同欢，既安且乐。"老夫曰："闻二三子情厚意密，忘其老弊，故此远寻。今正饥乏，何以馈食？"曰："幸少留此，我躬驰访。"于是同心虚己，分路营求。狐沿水滨，衔一鲜鲤。猿于林树，采异华果。俱来至止，同进老夫。唯兔空还，游跃左右。老夫谓曰："以吾观之，尔曹未和。猿狐同志，各能役心。唯兔空返，独无相馈。以此言之，诚可知也。”

兔闻讥议，谓狐猿曰：“多聚樵苏，方有所作。”狐猿竞驰，衔草曳木。既已蕴崇，猛焰将炽。兔曰：“仁者，我身卑劣，所求难遂。敢以微躬，充此一餐。”辞毕入火，寻即致死。

是时老夫复帝释身，除烬收骸，伤叹良久，谓狐猿曰：“一何至此，吾感其心。不泯其迹，寄之月轮，传乎后世。”故彼咸言，月中之兔，自斯而有。后人于此建窣堵波。

从此顺殑伽河流，东行三百余里，至战主国中印度境。

注释

①**婆罗痆斯国：**梵文名是 Vārāṇasī。即今印度北方邦的瓦拉纳西（Vārānasi），又称贝拿勒斯（Benares）。婆罗痆斯古代又称为迦尸国，在释迦牟尼时代，是古印度的十六大国之一。释迦牟尼初转法轮，就在婆罗痆斯国的鹿野苑。鹿野苑至今大塔巍然，遗迹犹在，成为佛教徒朝拜的圣地。玄奘的记载中，除了有关“鹿野”一名来历的传说外，很有意思的还有一个关于狐狸、兔子和猴子的故事。中国的神话传说讲月中有兔，印度的神

话里，月中也有兔，只是来历不同。现代的瓦拉纳西城，是印度教举行宗教活动最重要的场所。

②**非想定：**又作非想非非想处定、非有想非无想定。此定超越无所有处定，思维非想非非想之相，具足而安住之。此定无明胜之想，故异于灭尽定；亦非无想，故亦异于无想定。

③**无所有处定：**又作少处定，此定超越识无边处定，与无所有相应，即思维无所有之相而安住之。

译文

婆罗痆斯国，方圆四千余里。国家的大都城西临恒河，长十八九里，宽五六里。街巷房屋相连，居民富足。居民家中积财巨万，藏满了珍奇的货物。人民性格温和有礼，重视学艺。多数人信奉外道，少数人敬信佛法。气候温和，庄稼丰盛。果木扶疏，茂草遍野。有伽蓝三十余所，僧徒三千余人，都学习小乘正量部法。外道神庙有百余所，信徒有万余人，大多崇拜大自在天神。有断发的，有椎髻的，裸露而不穿衣服，周身涂灰。精勤苦行，以求从生死轮回中解脱出来。

大城中有外道神庙二十余所，都是层台楼宇，雕石绘木。茂密的树林蔽天，清澈的流水交错。有黄铜的天神像，高近百尺。威严肃穆，像真的一样。

大城东北，婆罗痆斯河西边，有一座塔，是无忧王所建的，高百余尺。塔前建有石柱，柱身像镜子一般亮洁，光润细滑，其中常常出现如来的影像。

鹿野伽蓝

从婆罗痆斯河向东北行十余里，到鹿野伽蓝。伽蓝分为八个区域，围墙环绕相连。高楼重阁，穷极宏丽。僧徒有一千五百人，都学习小乘正量部法。大围墙内有一座精舍，高二百余尺，上面有庵没罗果浮雕，用黄金做成。石做的基础和台阶，砖做的层龛，围绕在四周，共有一百级，都有浮雕的佛像，用黄金做成。精舍之中，有黄铜的佛像，和如来的真身一样高大，做转法轮的姿势。

精舍的西南边，有一座石塔，是无忧王所建的。塔基虽然已经倾陷，但塔仍高百余尺。塔前建有石柱，高七十余尺。石柱像玉一样洁润，映照清澈。如果殷勤祈请，可以看见众人的影像。有时还能看到人的善恶之相。这是如来成正觉后，初转法轮的地方。

在此旁边不远，有一座塔，是阿若憍陈如等见菩萨抛弃苦行，便不再侍卫，来到这里，自己修习禅定的地方。旁边有一座塔，是五百个辟支佛同时入涅槃的地方。又有三座塔，是过去三佛坐处和经行的地方。

慈氏及护明菩萨受预言塔

三佛经行的地方旁边，有一座塔，是梅呾丽耶（大唐的语言翻作“慈”，这是姓氏。旧称“弥勒”，是错误的）菩萨接受将要成佛的预言的地方。从前，如来在王舍城鹫峰山，告诉比丘们说：“将来之世，在这赡部洲平正的土地上，人寿八万岁时，有一位婆罗门的儿子，名叫慈氏，身体是真金色，光明照耀，将出家成正觉，广为众生三会说法。受他济度的人，都是因为我的遗法，已经把福果种植在众生之中。那些专心敬奉三宝的人，无论在家出家，持戒犯戒，都可受到化导，证佛果，得解脱。三会说法中，慈氏菩萨将首先济度接受我遗法的信徒，然后化导其他有缘的善友。”这时慈氏菩萨听到佛这样说，便从座位上起来，对佛说道：“我愿做这位慈氏世尊。”如来对他说：“正如你所说，你将证得此果。就像我上面说过的那样，这都是你教化众生所要做的事。”

慈氏菩萨接受如来预言的地方的西边，有一座塔，是释迦菩萨接受预言的地方。在贤劫中人寿二万岁时，迦叶波佛出现在世上，转妙法轮，开导众生，对护明菩萨说预言道："这个菩萨在将来世，众生寿命百岁的时候，将要成佛，称号是释迦牟尼。"

释迦菩萨接受预言的地方南边不远，有过去四佛经行的遗迹，长五十余步，高约七尺，用青石堆积而成。上面有如来经行之像，相貌奇特，威严肃穆，肉髻上长出发梢。灵异之相，神奇而有应验。

围墙内的圣迹，实在很多，精舍和塔有数百余所。以上只是略举二三，难以详述。

三龙池及释迦牟尼遗迹

伽蓝围墙的西边，有一清池，方圆二百余步，如来曾在其中沐浴。再往西，有一大池，方圆一百八十步，如来曾在其中洗涤器皿。再往北有池，方圆一百五十步，如来曾在其中洗衣。这三个水池中，都有龙居住。池水既深，水味又甜，澄清皎洁，不减不增。如果有人有骄慢之心，在这些池里洗涤，金毗罗兽便常会出来伤人。如果非常恭敬，打水用水，便不用害怕。洗衣池旁边的大方石上，有如来袈裟的痕迹，衣纹清楚，就像雕刻的一样。虔诚净信的人，经常来这里供养。外道恶人只要踏上此石，池中的龙便会出来兴风作雨。

象、鸟、鹿本生故事

水池旁边不远，有一座塔，是如来修菩萨行时，变作六牙象王的地方。猎人为获利益，猎取象牙，假穿袈裟，弯弓伺机捕捉。象王因为崇敬袈裟，便把自己的牙拔下来，交给了猎人。

拔牙处旁边不远，有一座塔，是如来修菩萨行时，怜悯世人不讲礼貌，在这里变作鸟身，与猕猴、白象在此互相询问是谁先看见这棵尼拘律树。大家各自讲了自己的故事，于是排出长幼。他们的榜样教导了远近的人们，大家由此知道上下尊卑，僧人和俗人都皈依了佛法。

在塔的旁边不远的大林中，有一座塔，是如来从前和提婆达多一起做鹿王，断事的地方。从前，这里有一大片树林，树林中有两群鹿，各有五百余头。那时国王在原野沼泽地里打猎。菩萨鹿王来到国王面前，说道："大王在原野中打猎，放火射箭，我手下的鹿，今天早晨都将丧命。死去的鹿，要不了几天，就要腐臭，大王也就没法吃了。我们愿意每天依次向大王送上一头鹿，这样大王既能吃到鲜肉，而我们也可以延缓几天生命。"国王觉得这话说得对，命驾归还。这两群鹿，便每天轮流送去一头鹿。提婆达多的鹿群中，有一头怀孕的母鹿，依照次序，该去送死，她对提婆达多鹿王说：“我虽然应该去死，但我的孩子还没到死的时候啊。”鹿王大怒，说：“谁不宝贵自己的生命？”雌鹿感叹说：“我们的鹿王不仁义，我们马上就得死了！”

雌鹿就向菩萨鹿王告急。菩萨鹿王说：“可怜慈母的爱子之心，竟然恩及未成形的孩子！让我今天来代替你吧。”菩萨鹿王便来到国王的宫门前。路上的人们都高声喊道：“那位大鹿王，今天进城来了！”全城的人莫不跑出来观看。国王听说，以为不会有这种事。后来守门人进来报告，国王方才相信，问道：“鹿王为什么要匆匆来此呢？”鹿王说：“有一头雌鹿，轮到它该死，但腹中有子，尚未生产。我不忍心，所以自己前来代替。”国王听了，感叹说：“我是人身，但却和鹿一样；你是鹿身，但却和人一样。”于是国王把鹿全都放走，不再要求鹿轮流贡献。又把这片树林作为鹿栖居的地方，因此这里就叫作施鹿林。鹿野的名称，就是由此而得来的。

憍陈如等五人迎佛处

伽蓝西南二三里的地方，有一座塔，高三百余尺。塔基高大，装饰着奇珍异宝。塔身上没有层龛，只有覆钵状的塔身。虽然建立有表柱，但柱上没有法轮和响铃。

旁边又有一座小塔，是阿若憍陈如等五人放弃原先的约定，迎接佛的地方。当初，萨婆曷剌他悉陀（大唐的语言翻作“一切义成”。旧称“悉达多”，是错误的）太子越过城墙后，栖隐山谷，忘身殉法。净饭王便命令家族中三人、舅族中二人说：“我的儿子一切义成离家修道，孤身住在山泽和丛林中，因此命令你们去跟随他。对内你们是叔父、伯舅，对外则是君和臣。有什么动静，应该知道如何行事。”五人领命，便跟着太子，相互照顾、护卫。同时五人也辛勤寻求，希望能够出离生死。他们经常互相讨论说：“修道的人，应该是通过苦道证得结果呢，还是通过安乐道证得结果？”其中两个人说：“应该是安乐道。”另三个人说：“应该是苦道。”双方争持不下，不知道谁是谁非。

于是太子思考最深的道理，为了折服苦行外道，便吃很少一点芝麻和米粒，以维持生命。那两人见了，便说道：“太子这样修行，不是正确的办法。道，要在安乐中才能得到证明。太子现在这么勤苦，不是我们一伙。”两人离太子而远去，思考得到正果的办法。

太子苦行了六年，未能证得菩提。他想检验苦行是不是对，便接受了牛奶粥，最后证得佛果。那三人听到这消息，叹息说：“太子已经快要成功，现在却倒退了。六年的苦行，毁于一旦！”于是三人一起，去寻找那两人。他们见到那两人后，坐下谈话，又发表起高论，说道：“以前看见一切义成太子走出王宫，到荒山中，脱下华贵的衣服，披上鹿皮衣，精勤励志，贞节苦心，寻求深妙正法，期望获得无上正果。现在他却接受了牧女的牛奶粥，坏了道行，亏了志向。我们知道这件事，却无能为力。”那两个人说：“你们知道得也太晚了！他不过是个狂人而已。他本来生活在深宫中，养尊处优，却不能安心，远远地跑到山林中来。放弃转轮王位，过下贱人的生活，还有什么可讲的呢，说起来令人伤心罢了！”

菩萨在尼连禅河沐浴后，坐在菩提树下，成等正觉，号称天人师，默默地观察，考虑应该度化谁，说道：“那位郁头蓝子，已经证得非想定，可以接受妙法。”这时空中的天神们应声报告说：“郁头蓝子死去，到今天已经是第七天了。”如来叹惜说：“真是不巧啊，他将要接受妙法，不料却突然死去。”如来又重新观察，在世上寻找，说：“有一位阿蓝迦蓝，已证得无所有处定，可以传授妙理。”天神们又说：“他死去已经五天了。”如来再次叹惜，哀悯他福薄。再继续观察，谁应该接受教化，现在只有施鹿林中的五人，可以先接受诱导了。如来这时从菩提树下站起来，往鹿野园走去。他威仪寂静，神光闪耀，白毫中有着玉石般的光彩，身上现出真金般的颜色，安详地前进，去化导这五人。这五人远远地看见如来，互相说道：“来的就是一切义成太子。经过了这么长的时间，他没能证得圣果，已经没有希望，所以来找我们了。我们都不要说话，也不要起来作礼迎接。”如来渐渐走近，威神震动万物。五人忘掉了刚才互相的约定，起来迎接拜问，仍然依照规矩，侍从如来。如来一步步诱导教化，为他们指示妙理。在雨安居结束的时候，他们才获得正果。

烈士池

从施鹿林东行二三里，到一座塔，旁边有一处干涸的水池，方圆八十余步，名叫“救命”，又称作“烈士”。听先前的传说讲：数百年前，有一位隐士在这水池边搭了一座草庐，在这里隐居。他广泛学习各种法术，深研神奇的道理，能让瓦砾变为宝，人畜互相易形，但还不能驾驭风雨，陪伴仙驾。隐士阅读图籍，考察古代的记载，进一步寻求成仙的方法。图籍上的仙方讲：“所谓神仙，是一种长生之术。要学此术，先要立下决心。建造一座坛场，方圆一丈余。让一位信勇昭著的烈士，手执长刀，站在坛角，屏住呼吸，不要说话，从黄昏站到天明。求仙的人坐在坛中，手按长刀，口诵神咒，收视反听，到天明之前，便可成仙。他手中的利刀，变为宝剑。

自己飞升到空中，在仙人中称王，执剑指挥，要什么可以得到什么。无衰无老，不病不死。”

隐士既已得到这个仙方，便出去寻访烈士。找了一年，未能如愿。后来，隐士在城中遇见一人，在路上边走边哭。隐士观察他的相貌，心中很高兴，便上前安慰他说：“您为何这样伤心呢？”这人回答说：“我因为贫困，靠当雇工为生。主人了解我，对我也很信任，说做工满五年后，便重金酬赏我。于是我忍受劳累，忘掉艰辛地做工。五年将满，我有一天犯了过失，不仅被主人鞭打，而且什么也没有得到。我因此心中非常伤心，有谁会同情我呢？”隐士便叫他跟自己一起走，回到草庐，用法术的力量，变出好吃的饭菜。吃过饭后，又叫他入池洗澡，换上新的衣服。又送给他五百金钱，说：“用完以后可再来取，不要见外。”从此以后，隐士几次都给他重金，暗中对他施加恩惠，使他感恩图报。烈士屡次要求效命，以求报答知己。隐士说：“我要找一位勇烈之士，找了一年，现在才有幸遇到，您奇特的相貌和图画上完全一样。我没有别的要求，只要你一个晚上不出声就行了。”烈士说：“叫我死都不会推辞，还怕做到不出声吗？”

于是隐士设立坛场，让这人接受仙法，依方行事，坐等黄昏到来。到了黄昏，两人各司其职。隐士念诵神咒，烈士手持利刀。天将亮的时候，烈士忽然发出了叫喊声。这时天空中一团火掉下来，烟火像云雾一样弥漫蒸腾。隐士赶快拉烈士跳入水池中，躲避灾难。火焰过后，隐士问："我告诫你不要发出声音，你为什么要惊叫呢？"烈士说："我接受您的命令后，到了夜半，昏昏沉沉就像在梦中一样，不断看到了很多奇怪的事情。我见到从前的雇主，亲身前来向我慰问道歉。想到您对我知遇的厚恩，我忍着不说话。他发起怒来，把我杀死。我处在转生之间，回顾尸体，十分叹惜。但我还是希望以后历世都不说话，以报答您对我的厚德。于是我又见到我托生到南印度的一位大婆罗门家，经过受胎、出生，备受痛苦。想起您的恩德，我一直没有出声。以后到了读书、成年、结婚、丧亲、生子，每次想到您对我的恩德，我都忍着不说话。宗族亲戚们见了，都感到奇怪。到了过六十五岁的时候，我的妻子对我说：'你应该说话了吧。你如果再不说话，我就把你的儿子杀死！'我当时想，事情已经隔了一世，自己也已衰老，只有这一个幼小的孩子。因此我就叫我的妻子不要杀害儿子，这便发出了声音。"

隐士说："这是我的过错，这是魔鬼在破坏。"烈士感激隐士的恩德，又伤心事情没有成功，愤恨而死。由于避免了一场大火的灾难，所以这水池被称为"救命"。

烈士感恩而死，因此又称为“烈士池”。

三兽塔

烈士池的西边，有三兽塔，是如来修菩萨行时，烧身的地方。在劫初的时候，这一片林野中，有一只狐狸、一只兔子、一只猴子，三只野兽虽然种类不同，但是和睦相处。这时天帝释想考验修菩萨行者，显示灵异，变化成一位老人，对三只野兽说：“你们三位过得平安吗？没有什么可害怕的吗？”三兽回答说：“我们涉丰草，游茂林，种类虽异，欢乐相同，既平安，又愉快。”老人说：“听说你们三位互相间情厚意密，因此我不顾年老，远道来找你们。现在我肚子正饿，你们给我点儿什么吃的呢？”三兽回答说：“请您在这里先等一会儿，我们自己去找。”于是三只兽怀着同样的心思，自己分别去找寻食物。狐狸沿着水边，叼到一条鲜鲤鱼。猴子在树林中，采摘到奇花异果。两个都带了回来，送给老人。只有兔子空手而返，在左右跳跃。老人说：“依我看来，你们之间还是相处得不和谐。猴子和狐狸同心同德，各自都能尽心。只有兔子空手而回，没有东西带给我。照这样看，也就知道你们之间的关系了。”

兔子听了老人的讥嘲，对狐狸和猴子说：“你们去多收集些干柴，我有用处。”狐狸和猴子争着跑去，衔来干草，拖来木头。干柴堆积得很高，大火越烧越旺。兔子说道：“老人家，我身体微小，没有本领，您的要求，我没有完成。我就把我微小的身体，当作您的一顿饭吧。”说完，便跳进火中，很快死去。

这时老人恢复天帝释的原身，从余烬中收起骸骨，感伤叹息了很久，对狐狸和猴子说道：“事情竟然到了这样地步，我深受感动。为了不致埋没兔子这件事迹，我把它安放到月亮上去，让后世人知道。”因此那里的人说月亮中有兔子，就是从这时候开始的。后人在这里建造了一座塔。

从这里顺恒河东下，行三百余里，到战主国（在中印度境内）。

4 卷八

摩揭陀国（上）

原典

摩揭陀国①，周五千余里。城少居人，邑多编户。地沃壤，滋稼穑。有异稻种，其粒粗大，香味殊越，光色特甚，彼俗谓之“供大人米”。土地垫湿，邑居高原。孟夏之后，仲秋之前，平居流水，可以泛舟。风俗淳质，气序温暑。崇重志学，遵敬佛法。伽蓝五十余所，僧徒万有余人，并多宗习大乘法教。天祠数十，异道实多。

殑伽河南，有故城，周七十余里，荒芜虽久，基址尚在。昔者人寿无量岁时，号拘苏摩补罗城唐言“香花宫城”。王宫多花，故以名焉。逮乎人寿数千岁，更名波吒厘子城旧曰“巴连

弗邑"，
讹也。 ○

初，有婆罗门，高才博学，门人数千，传以受业。诸学徒相从游观，有一书生，俳佪怅望。同俦谓曰："夫何忧乎？"曰："盛色方刚，羁游履影。岁月已积，艺业无成。顾此为言，忧心弥剧。"于是学徒戏言之曰："今将为子求娉婚亲。"乃假立二人为男父母，二人为女父母，遂坐波吒厘树，谓女婿树也。采时果，酌清流。陈婚姻之绪，请好合之期。时假女父攀花枝以授书生曰："斯嘉偶也，幸无辞焉。"书生之心，欣然自得。日暮言归，怀恋而止。学徒曰："前言戏耳，幸可同归。林中猛兽，恐相残害。"

书生遂留，往来树侧。景夕之后，异光烛野。管弦清雅，帷帐陈列。俄见老翁，策杖来慰。复有一妪，携引少女。并宾从盈路，袨服奏乐。翁乃指少女曰："此君之弱室也。"酣歌乐宴，经七日焉。

学徒疑为兽害，往而求之，乃见独坐树阴，若对上客。告与同归，辞不从命。后自入城，拜谒亲故。说其始末，闻者惊骇。与诸友人，同往林中。咸见花树是一大第，僮仆役使，驱驰往来。而彼老翁，从容接对。陈馔奏乐，宾主礼备。诸友还城，具告远近。暮岁之后，生一子男。谓其妻曰："吾今欲归，未忍离阻。适复留止，栖寄飘露。"其妻既闻，具以白父。翁谓书生曰："人生行乐，讵必故乡？今将筑室，宜无异志。”于是役使之徒，功成不日。香花旧城，迁都此邑。由彼子故，神为筑城。自尔之后，因名波吒厘子城焉。

王故宫北，有石柱，高数十尺，是无忧王作地狱处。释迦如来涅槃之后第一百年，有阿输迦唐言“无忧”。旧曰“阿育”，讹也。王者，频毗婆罗唐言“影坚”。旧曰“频婆娑罗”，讹也。王之曾孙也，自王舍城迁都波吒厘，筑外郭周于故城。年代浸远，唯余故基。伽蓝、天祠及窣堵波，余址数百，存者二三。唯故宫北临殑伽河小城中，有千余家。

初，无忧王嗣位之后，举措苛暴，乃立地狱，作害生灵。周垣峻峙，隅楼特起。猛焰洪炉，铦锋利刃，备诸苦具，拟像幽涂。招募凶人，立为狱主。初以国中犯法罪人，无挍轻重，总入涂炭。后以行经狱次，擒以诛戮。至者皆死，遂灭口焉。

时有沙门，初入法众，巡里乞食，遇至狱门。狱吏凶人，擒欲残害。沙门惶怖，请得礼忏。俄见一人，缚来入狱，斩截手足，磔裂形骸，俯仰之间，支体糜散。沙门见已，深增悲悼，成无常观，证无学果。狱卒曰：“可以死矣。”沙门既证圣果，心夷生死。虽入镬汤，若在清池，有大莲花而为之座。狱主惊骇，驰使白王。王遂躬观，深赞灵祐。狱主曰：“大王当死。”王曰：“何？”对曰：“王先垂命，令监刑狱。凡至狱垣，皆从杀害，不云王入而独免死。”王曰：“法已一定，理无再变。我先垂令，岂除汝身？汝久滥生，我之咎也。”即命狱卒，投之洪炉。狱主既死，王乃得出。于是颓墙堙堑，废狱宽刑。

地狱南不远，有窣堵波，基址倾陷，唯余覆钵之势。宝为厕饰，石作栏槛。即八万四千之一也，无忧王以人功建于宫焉。中有如来舍利一升，灵鉴间起，神光时烛。无忧王废狱之后，遇近护大阿罗汉。方便善诱，随机导化。王谓罗汉曰：“幸以宿福，位据人尊。慨兹障累，不遭佛化。今者如来遗身舍利，欲重修建诸窣堵波。”罗汉曰：“大王以福德力，役使百灵，以弘誓心，匡护三宝。是所愿也，今其时矣。”

因为广说献土之因，如来悬记兴建之功。无忧王闻以庆悦，召集鬼神而令之曰：“法王导利，含灵有庆。我资宿善，尊极人中。如来遗身，重修供养。今尔鬼神，戮力同心。境极赡部，户满拘胝，以佛舍利，起窣堵波。心发于我，功成于汝。胜福之利，非欲独有。宜各营构，待后告命。”

鬼神受旨，在所兴功。功既成已，咸来请命。无忧王既开八国所建诸窣堵波，分其舍利，付鬼神已，谓罗汉曰：“我心所欲，诸处同时藏下舍利。心虽此冀，事未从欲。”罗汉曰：“王命神鬼，至所期日，日有隐蔽，其状如手。此时也，宜下舍利。”王承此旨，宣告鬼神。逮乎期日，无忧王观候光景。日正中时，罗汉以神通力，申手蔽日。营建之所，咸皆瞻仰。同于此时，功绩咸毕。

窣堵波侧不远精舍中，有大石，如来所履，变迹犹存。其长尺有八寸，广余六寸矣。两迹俱有轮相，十指皆带花文，鱼形映起，光明时照。昔者如来将取寂灭，北趣拘尸那城。南顾摩揭陀国，蹈此石上，告阿难曰：“吾今最后留此足迹，将入寂灭，顾摩揭陀也。百岁之后，有无忧王，命世君临，建都此地。匡护三宝，役使百神。”及无忧王之嗣位也，迁都筑邑，掩周迹石。既近宫城，恒亲供养。后诸国王，竞欲举归。石虽不大，众莫能转。近者设赏迦王毁坏佛法，遂即石所，欲灭圣迹。凿已还平，文彩如故。于是捐弃殑伽河流，寻复本处。

其侧窣堵波，即过去四佛坐及经行遗迹之所。

佛迹精舍侧不远，有大石柱，高三十余尺。书记残缺，其大略曰：“无忧王信根贞固，三以赡部洲施佛、法、僧，三以诸珍宝重自酬赎。”其辞云云，大略斯在。

故宫北，有大石室，外若崇山，内广数丈，是无忧王为出家弟役使神鬼之所建也。初，无忧王有同母弟，名摩醯因陀罗唐言“大帝”。生自贵族，服僭王制，奢侈纵暴，众庶怀怨。国辅老臣进谏王曰：“骄弟作威，亦已太甚。夫政平则国治，人和则主安。古之则训，由来久矣。愿存国典，收付执法。”无忧王泣谓弟曰：“吾承基绪，覆焘生灵，况尔同胞，岂忘惠爱？不先匡导，已陷刑法。上惧先灵，下迫众议。”摩醯因陀罗稽首谢曰：“不自谨行，敢干国宪。愿赐再生，更宽七日。”

于是置诸幽室，严加守卫。珍羞上馔，进奉无亏。守者唱曰：“已过一日，余有六日。”至第六日已，既深忧惧，更励身心，便获果证。升虚空，示神迹，寻出尘俗，远栖岩谷。无忧王躬往谓曰：“昔拘国制，欲致严刑。岂意清升，取证圣果。既无滞累，可以还国。”弟曰：“昔羁爱网，心驰声色。今出危城，志悦山谷。愿弃人间，长从丘壑。”王曰：“欲静心虑，岂必幽岩？吾从尔志，当为崇树。”

遂召命鬼神而告之曰：“吾于后日，广备珍羞，尔曹相率来集我会，各持大石，自为床座。”诸神受命，至期毕萃。众会既已，王告神曰：“石座从横，宜自积聚。因功不劳，垒为虚室。”诸神受命，不日而成。无忧王躬往迎请，止此山庐。

故宫北，地狱南，有大石槽，是无忧王匠役神功，作为此器，饭僧之时以储食也。故宫西南，有小石山。周岩谷间，数十石室，无忧王为近护等诸阿罗汉役使鬼神之所建立。傍有故台，余基积石。池沼涟漪，清澜澄鉴，邻国远人谓之圣水。若有饮濯，罪垢消灭。

山西南，有五窣堵波，崇基已陷，余址尚高。远而望之，郁若山阜，面各数百步。后人于上重更修建小窣堵波。印度记曰：昔无忧王建八万四千窣堵波已，尚余五升舍利，故别崇建五窣堵波。制奇诸处，灵异间起，以表如来五分法身[②]。薄信之徒窃相评议，云是昔者难陀王建此五藏，以储七宝。其后有王不甚淳信，闻先疑议，肆其贪求，兴动军师，躬临发掘。地震山倾，云昏日翳，窣堵波中大声雷震。士卒僵仆，象马惊奔。自兹已降，无敢觊觎。或曰：众议虽多，未为确论。循古所记，信得其实。

故城东南，有屈居勿反吒阿滥摩唐言“鸡园”僧伽蓝，无忧王之所建焉。无忧王初信佛法也，式遵崇建，修殖善种，召集千僧，凡圣两众，四事供养，什物周给。颓毁已久，基址尚在。

伽蓝侧，有大窣堵波，名阿摩落伽。阿摩落伽者，印度药果之名也。无忧王构疾弥留，知命不济，欲舍珍宝，崇树福田。权臣执政，诫勿从欲。其后因食，留阿摩落果，玩之半烂，握果长息，问诸臣曰：“赡部洲主今是何人？”诸臣对曰：“唯独大王。”王曰：“不然，我今非主。唯此半果，而得自在。嗟乎世间富贵，危甚风烛。位据区宇，名高称谓，临终匮乏，见逼强臣。天下非己，半果斯在。”乃命侍臣，而告之曰：“持此半果，诣彼鸡园，施诸众僧。作如是说：昔一赡部洲主，今半阿摩落王，稽首大德僧前，愿受最后之施。凡诸所有，皆已丧失，唯斯半果，得少自在。哀愍贫乏，增长福种。”

僧中上座作如是言：“无忧大王宿期弘济，疟疾在躬。奸臣擅命，积宝非己，半果为施。承王来命，普施众僧。”即召典事，羹中总煮，收其果核，起窣堵波。既荷厚恩，遂旌顾命。

注释

①**摩揭陀国：**梵文的原文是Magadha。《大唐西域记》中，摩揭陀国是叙述的重点，篇幅包括卷八和卷九整整两卷。这是因为摩揭陀国曾经是古代印度的政治文化中心，释迦牟尼佛一生中大部分时间，都是在这里度过的。佛教徒最为崇拜的金刚座菩提树，就在摩揭陀国。玄奘留学的那烂陀寺，也在这里。据《新唐书》的记载，贞观十五年，印度戒日王派使节出使中国，也自称为“摩伽陀（摩揭陀）王”。唐太宗因此遣使节数次回聘印度，摩揭陀国都是最主要要到的国家。摩揭陀国在古代属于中印度，地域约相当于今印度比哈尔邦一带。都城波吒厘子城，即今比哈尔邦的巴特那（Patna）。

②**五分法身：**又作无漏五蕴、无等等五蕴。乃大小乘之无学位（最高之悟境），即佛及阿罗汉之自体所具备

之五种功德。

译文

摩揭陀国，方圆五千余里。城中居民少，村镇里编入册籍的民户多。土地肥沃，有利于农事。出产有一种奇特的稻米，颗粒粗大，香气、味道、光泽和颜色都特别好，当地人称为“供大人米”。地势低而潮湿，城市村镇都坐落在高处。初夏之后，中秋之前，平地被水淹没，可以划船。风俗朴实，气候温和。重视学术，尊敬佛法。伽蓝五十余所，僧人有一万余人，大多学习大乘法教。外道神庙有数十所，异道很多。

波吒厘子城及其传说

恒河南边，有一座旧城，方圆七十余里，虽然早已荒芜，但基址还在。从前在人寿命无量岁时，它称作拘苏摩补罗城（大唐的语言翻作“香花宫城”）。王宫中香花很多，因此有这个名字。到了人寿几千岁的时代，改名为波吒厘子城（旧称“巴连弗邑”，是错误的）。

当初，有一位婆罗门，高才博学，收了几千名门人，传授学业。学徒们一起外出游览时，其中有一位书生，徘徊怅望。同伴们对他说："你在愁什么呢？"书生回答说："我正当壮年，却还孤身在外，形单影只。求学已经多年，却学业无成。一想到这些事，我的心情就越来越沉重。"于是学徒们跟他开玩笑说："我们现在就来为你求婚聘亲。"他们假定两人为男方父母，两人为女方父母，坐在一棵波吒厘树下，这就是所谓的女婿树。大家摘来鲜果，盛取清水。有人来求婚，又约定好结婚的日子。这时，假的女方父亲摘来一根带花的树枝，送给书生，说道："这就是你美丽的妻子，请你不要推辞了。"书生心中，欣然自得。到了傍晚，该回去了，书生仍然恋恋不舍，不肯回去。学徒们说："刚才说的话，不过是闹着玩，请和我们一起回去吧。树林中野兽凶猛，恐怕会伤害你的。"

但是书生还是留了下来，徘徊在树的旁边。天黑之后，神奇的光把野外照得通亮。清雅的音乐响起，出现了一排排帐篷。不一会儿，看见一位老翁，拄着拐杖，前来问候书生。又有一位老妇人，领来一名少女。跟着的随从和客人，堵满路上，都穿着华丽的衣服，奏着音乐。老翁指着少女，对书生说："这就是你年轻的妻子。"大家尽情欢歌，宴饮作乐，一直庆贺了七天。

学徒们疑心书生已经遭受了野兽的伤害，就去找他，看见他独自地坐在树荫下，好像正陪着贵客。大家请他一起回去，他不同意。后来，书生自己进城，拜访亲友。他把事情前后的经过告诉了人，听到的人无不惊奇。书生领着朋友，一同到树林中去。大家看见花树原来是一座大户人家的住宅，仆人们正在那里来来往往地忙碌。那位老翁出来，从容不迫地接待大家。摆上筵席，吹奏音乐，宾主双方礼节都很周到。朋友们回到城里，就把这件事情传开了。结婚一年以后，生了一个儿子。书生对妻子说："我现在想要回去，却不忍心离开你们。要是继续留在这里，又像漂流在外，风吹露打的一样。"妻子听了，把这番话报告了父亲。老翁对书生说："人生行乐，难道非在故乡不可吗？我现在就给你们建造住宅，你就不要三心二意了。"于是他差遣精灵，不到一天工夫，住宅就盖成了。原来的香花宫旧城，就迁移到这里。那位书生的缘故，神灵们帮着修筑了新城。从此以后，这座城就命名为波吒厘子城。

无忧王地狱

国王的旧宫北边，有一根石柱，高数十尺，是无忧王建造地狱的地方。释迦如来涅槃后的第一百年，有一位名叫阿输迦（大唐的语言翻作"无忧"。旧称"阿育"，是错误的）的国王，也就是频毗婆罗（大唐的语言翻作"影坚”。旧称“频婆娑罗”，是错误的）王的曾孙，把国都从王舍城迁到波吒厘子城，重新修了一层外郭，把旧城围了起来。年代久远，现在只剩下故基。伽蓝、外道神庙以及塔的遗址有数百处，保存下来的只有二三。只是在旧宫北边靠恒河的小城里，有一千余户人家。

当初无忧王继位以后，行为苛刻残暴，设立地狱，荼毒生灵。地狱四周，修起极高的围墙，围墙上还有角楼耸立。大熔炉中燃着熊熊的烈火，刀剑锋利，准备了各种刑具，布置得像阴间一样。无忧王招募凶残之徒，封为狱主。开始，他把国中犯法的罪人，不论罪的轻重，统统投入地狱，进行折磨。后来，连路过地狱的人也要被捉去杀害。凡是到了那里的人，无不丧命，以便灭口。

那时有一位沙门，刚出家不久，在街上乞食，偶然走到地狱的门口。凶暴的狱吏把他抓了进去，想要杀害他。沙门吓得心惊胆战，经过请求，答应让他先做一次礼拜和忏悔。不一会儿，他看见一个人被绑着送入地狱，砍断手脚，撕裂身体，顷刻之间，就粉身碎骨。沙门见后，心中非常难过，由此懂得了一切无常的道理，证得无学果。狱卒对他说：“你现在该死了。”沙门既已经证得圣果，把生和死都看得一样平常。他虽然被投进一大锅开水，却好像身在清池，坐在一朵大莲花座上。狱主见后，十分惊恐，派人立即报告无忧王。无忧王亲自前来观看，大大称赞神灵保佑。狱主说：“大王应当死。”无忧王说：“为什么？”狱主回答说：“大王先前下过命令，让我管理监狱。任何人走至监狱的围墙，都要杀掉，没有说国王进来以后就可以不死。”无忧王说：“法令一经制定，当然不得再变。我先前下过的命令，难道把你除外？长久以来，你残害生灵，这都是我的过错。”无忧王随即命令狱卒，把狱主投入大熔炉。狱主既死，无忧王才出了监狱。于是推倒高墙，填平深沟，废除地狱，放宽刑罚。

无忧王建舍利塔的故事

地狱南边不远，有一座塔，基座已经倾陷，只剩下覆钵形状的主体。塔的四侧，装饰着珍宝，栏槛用石头做成。这就是那八万四千塔之一，是无忧王用人工建于宫中的。塔中有如来的舍利一升，不时有灵异出现，时常有神光照耀。无忧王废除地狱之后，遇见近护大阿罗汉。近护罗汉循循善诱，依无忧王的根机而做教化。无忧王对罗汉说：“我有幸凭借前世的功德，现在做了国王。可叹的是，由于障累，我未能受到佛的亲自教化。现在如来留下有身舍利，我想重新建塔。”罗汉说：“大王靠福德的力量，役使神灵，以此实现您的誓愿，保护三宝。这也是我的愿望，现在正是实现这个愿望的时候了。”

近护罗汉因此为无忧王详细讲述了献土的因缘以及如来“兴建八万四千塔即获得功德”的预言。无忧王听说以后，非常高兴，召集鬼神，发布命令说：“有法王引导，是众生的幸福。我凭靠前世的善行，位居人中之王。如来留下了身舍利，我要重修供养。今天你们这些鬼神，要同心协力。你们要在整个赡部洲的境内，在千千万万有人家的地方，为佛舍利，建起宝塔。发心的是我，成功则要靠你们。由此产生的功德福利，我并不想独有。你们应该各自修建一座塔，然后再回来报告。”

鬼神们接受命令，在各自的地方动工。塔建成后，又都回来报告。无忧王打开八国国王所建的那些塔，把舍利分给了众鬼神，然后对近护罗汉说：“我想要在所有的地方同时把舍利藏进塔内。虽然这样希望，事情还不能如愿。”罗汉说：“请大王命令鬼神们，到了约定的日期，太阳会被一个影子遮住，这影子的形状跟手一样。这个时候，就可以同时把舍利装进塔内。”无忧王接受这个指示，向鬼神们做了宣告。到了约定的日期，无忧王观察空中的情景。太阳到天空正中的时候，罗汉以神通的力量，伸手把太阳遮住。所有建塔的地方，都看到了这个景象。鬼神们同时把舍利藏进塔内，于是大功告成。

如来足迹石

塔侧附近的精舍中，有一块大石头，如来曾经在上面踩过，足迹犹在。足迹长一尺八寸，宽六寸多。两个足迹上都有千辐轮相，十个脚趾全带万字花纹，映出鱼形图案，不时放出光芒。从前如来将入寂灭，前往北边的拘尸那城。如来南望摩揭陀国，站到这块石头上，告诉阿难说："我现在最后留下的足迹，是我将入寂灭，回顾摩揭陀国的地方。一百年后，有无忧王出世，统治天下，将在此地建都。他保护三宝，役使百神。"到了无忧王继位的时候，将都城迁移到这里，筑起城邑，把这块有如来足迹的石头保护起来。石头就在王宫附近，无忧王总是亲自供养。后来的各个国王，争着想把这块石头抬回去。石头虽然不大，却没有一个人能转动它。不久前设赏迦王毁灭佛法，来到这块石头处，想要消灭圣迹。可是石头凿过以后，仍然还和原来一样，纹路和色彩依然如故。于是又把它抛进恒河，但它马上又回到原处。

石头旁边的那座塔，是过去四佛坐处和经行的遗迹所在地。

无忧王大石柱

如来足迹精舍旁边不远，有一根大石柱，高三十余尺。柱上刻的文字已残缺不全，大意是说："无忧王信仰的根基坚定，三次把赡部洲施舍给佛、法、僧，三次用自己的各种珍宝重新把它赎回来。"话很多，大意如此。

摩醯因陀罗的故事

旧宫的北边，有一间石头造的大屋子，外表看去像一座高山，里边有几丈宽，这是无忧王为出家的弟弟使用神鬼的力量建造的。当初，无忧王有一个同母所生的弟弟，名叫摩醯因陀罗（大唐的语言翻作"大帝"）。他出生于贵族，超越自己的身份，穿起国王的衣服，生活奢侈，性情凶暴，百姓们心里都恨他。辅国老臣们向无忧王提意见说："大王那位放肆的弟弟作威作福，也太过分了。政治公平，国家就安定；人民拥护，国王的地位就稳固。这是祖先的明训，由来已久。但愿大王维护国法，把他交付执法。"无忧王含着眼泪对弟弟说："我继承祖先的事业，爱护众生，何况你是同胞兄弟，我怎能忘记对你照顾和爱护？我以前对你缺少教育和引导，让你触犯了刑法。而我现在是上畏惧祖先在天之灵，下迫于众人的议论啊。”摩醯因陀罗向国王磕头请罪，说：“我不能约束自己的行为，触犯了国法。但希望你能赐我第二次生命，再宽延七天。”

于是无忧王把摩醯因陀罗禁闭在一间幽暗的屋子里，严加守卫。供给他最好的饮食，并不亏待他。看守人则喊道：“一天已经过去，还剩六天。”这样直到过了第六天，摩醯因陀罗不但深感忧伤和恐惧，而且发愤修炼身心，终于获得罗汉果。他升入天空，显示神通，随即脱离尘世，置身于遥远的山谷之中。无忧王闻讯之后，亲自去跟他说：“以前我依照国法，要让你受严厉的刑罚。哪里料到你会得道高升，获得圣果。你既然已经没有世俗的牵挂，就可以回国了。”弟弟说：“从前我被欲望的罗网所束缚，醉心于声色享受。如今我已逃出如同危城一般的尘世，心中喜欢山谷。我希望脱离人间，长久地住在山林中。”无忧王说：“想要使心境清净，难道非住在深山不可吗？我可以依照你的意愿，为你建造住所。”

于是无忧王召集鬼神，命令他们说：“我将在后天准备好许多好吃的东西，你们都来参加我的宴会，各自带一块大石头，作为座位。”鬼神们接受命令，到了日期，都赶来了。宴会结束后，无忧王告诉鬼神们说：“石座凌乱，应该由你们自己堆聚起来。我想就利用你们的力量，不用另外花费力气，把石头垒成一间屋子。”鬼神们依照命令，不到一天工夫，就把石屋建成。无忧王亲自前往迎请摩醯因陀罗，让他住进这一所石头屋子。

无忧王诸营造遗迹

旧宫的北边，地狱的南边，有一个大石槽，是无忧王利用鬼神的力量制成的器具，向僧人们施食时，用来盛饭。旧宫的西南面，有一座小石山。山谷中间，有数十间石屋，是无忧王为近护等阿罗汉役使鬼神所建造的。旁边原来有一座高台，现在只剩有基石。还有一个水池，水波涟漪，清明如镜，邻国和远方的人们都称它为圣水。若是喝了这水或者在水池里洗澡，罪过就会消除。

山的西南边，有五座塔，高高的基座已经下陷，但剩下的那一部分依然很高。远远望去，重重叠叠像是一座山，每面各有数百步宽。后人在基座上又重新修起小塔。印度有记载说：从前无忧王建成八万四千塔以后，还剩五升舍利，因此另外又建造了五座塔。塔的形制，比其他各处奇特，不时出现灵异，以表示如来的五分法身。那些缺乏信仰的人私下议论，说这是从前难陀王建造的五座仓库，用来储藏七宝。此后有一个国王并不太信仰佛教，听到前人那些似是而非的话，贪婪的欲望膨胀，就带领军队，亲自前往发掘。忽然地震山倒，天昏地暗，塔中雷声大作。士兵们扑倒在地，动弹不得，大象和马被吓得狂跑。从此以后，再没有人敢打它们的主意。也有人说：关于此事虽然议论纷纷，但并不可靠。根据古代的记载，可以相信这是事实。

鸡园僧伽蓝

旧城的东南，有屈（居勿反）吒阿滥摩（大唐的语言翻作“鸡园”）僧伽蓝，是无忧王所建造的。无忧王初信佛法的时候，恭敬营建，修善行，积功德，召集一千名僧人，包括凡僧和圣僧两部分，用四种物品供养，各种用具都很周全。这座伽蓝早已倒塌，但基址还在。

阿摩落伽塔

伽蓝的旁边，有一座大塔，名叫阿摩落伽。阿摩落伽是印度的一种药用果子的名称。无忧王患病将要去世的时候，知道自己的生命无法挽救了，想要施舍珍宝，为来世修福。然而有权势的大臣执政，不照无忧王的意思办。后来无忧王利用吃药的机会，留下一个阿摩落伽果，玩得半烂，握着果子，长长叹息，问大臣们说：“如今谁是赡部洲的主人？”大臣们回答：“只有大王您是。”无忧王说：“不是这样，我如今不是国主。只有这半个果子，我还做得了它的主。可叹世间的富贵，比风中的灯烛更难保住。我本来是天下土地的主人，声名显赫，超过一切，临终时却一无所有，还要受强臣的欺侮。天下不再属于我，只剩下这半个果子。”他命令侍臣，说道：“你拿着这半个果子，到鸡园伽蓝去，把它施舍给僧人们。你这样说：从前整个赡部洲的主人，如今是半个阿摩落伽果的大王，向大德僧人们致敬，请接受我最后的布施。一切属于我的东西，现在都已丧失，只有这半个果子，我还多少做得了主。可怜我贫穷，只希望这样能积德增福。”

僧人中的上座这样说：“无忧大王过去就愿意弘济众生，如今身患痁疾。奸臣篡权，过去积聚的财宝已经不属于他自己，只能用半个果子做布施。我们依照大王的意思，把它施舍给所有的僧人。”上座立即召来典事，让他把这半个果子煮在汤里，收起果核，建造了一座塔。既然蒙受了国王的大恩，就以此来纪念他的遗言。

原典

阿摩落伽窣堵波西北故伽蓝中，有窣堵波，谓“建揵稚声”。初，此城内伽蓝百数，僧徒肃穆，学业清高。外道学人，销声缄口。其后僧徒相次徂落，而诸后进莫继前修。外道师资，傅训成艺。于是命俦召侣，千计万数，来集僧坊，扬言唱曰：“夫击揵稚，招集学人！”群愚同止，谬有扣击。遂白王，请挍优劣。外道诸师，高才达学。僧徒虽众，辞论肤浅。外道曰：“我论胜。自今已后，诸僧伽蓝不得击揵稚以集众也！”王允其请。依先论制，僧徒受耻，忍诟而退。十二年间，不击揵稚。

时南印度那伽阏剌树那菩萨唐言“龙猛”。旧译曰“龙树”，非也。，幼传雅誉，长擅高名，舍离欲爱，出家修学，深究妙理，位登初地。有大弟子提婆者，智慧明敏，机神警悟。白其师曰：“波吒厘城诸学人等，辞屈外道，不击揵稚，日月骤移，十二年矣。敢欲摧邪见山，然正法炬。”龙猛曰：“波吒厘城外道博学，尔非其俦。吾今行矣。”提婆曰：“欲摧腐草，讵必倾山？敢承指诲，黜诸异学。大师立外道义，而我随文破析，详其优劣，然后图行。”龙猛乃扶立外义，提婆随破其理。七日之后，龙猛失宗。已而叹曰：“谬辞易失，邪义难扶。尔其行矣，摧彼必矣。”

提婆菩萨夙擅高名，波吒厘城外道之闻也，即相召集，驰白王曰：“大王昔纡听览，制诸沙门不击揵稚。愿垂告命，令诸门候，邻境异僧，勿使入城。恐相党援，轻改先制。”王允其言，严加伺候。提婆既至，不得入城。

闻其制令，便易衣服，叠僧伽胝，置草束中，褰裳疾驱，负戴而入。既至城中，弃草披衣，至此伽蓝，欲求止息。知人既寡，莫有相舍，遂宿揵稚台上。于晨朝时，便大振击。众闻伺察，乃客游比丘。诸僧伽蓝，传声响应。

王闻究问，莫得其先。至此伽蓝，咸推提婆。提婆曰："夫揵稚者，击以集众。有而不用，悬之何为？"王人报曰："先时僧众论议堕负，制之不击，已十二年。"提婆曰："有是乎？吾于今日，重声法鼓。"使报王曰："有异沙门，欲雪前耻。"王乃召集学人，而定制曰："论失本宗，杀身以谢。"于是外道竞陈旗鼓，喧谈异义，各曜辞锋。提婆菩萨既升论座，听其先说，随义析破。曾不浃辰，摧诸异道。国王大臣莫不庆悦，建此灵基，以旌至德。

建击揵稚窣堵波北，有故基，昔鬼辩婆罗门所居处也。初，此城中有婆罗门，葺宇荒薮，不交世路。祠鬼求福，魍魉相依，高论剧谈，雅辞响应。人或激难，垂帷以对。旧学高才，无出其右。士庶翕然，仰之犹圣。有阿湿缚窭沙唐言"马鸣"菩萨者，智周万物，道播三乘，每谓人曰："此婆罗门学不师受，艺无稽古。屏居幽寂，独擅高名。将非神鬼相依，妖魅所附，何能若是者乎？夫辩资鬼授，言不对人，辞说一闻，莫能再述。吾今往彼，观其举措。”

遂即其庐而谓之曰：“仰钦盛德，为日已久。幸愿褰帷，敢申宿志。”而婆罗门居然简傲，垂帷以对，终不面谈。马鸣心知鬼魅，情甚自负，辞毕而退，谓诸人曰：“吾已知矣，摧彼必矣。”寻往白王，唯愿垂许，与彼居士，较论剧谈。王闻骇曰：“斯何人哉！若不证三明[①]，具六通[②]，何能与彼论乎？”命驾躬临，详鉴辩论。是时马鸣论三藏微言，述五明大义，妙辩纵横，高论清远。而婆罗门既述辞已，马鸣重曰：“失吾旨矣，宜重述之。”时婆罗门默然杜口。马鸣叱曰：“何不释难？所事鬼魅，宜速授辞！”疾褰其帷，视占其怪。婆罗门惶遽而曰：“止！止！”马鸣退而言曰：“此子今晨，声问失坠。虚名非久，斯之谓也。”王曰：“非夫盛德，谁鉴左道？知人之哲，绝后光前。国有常典，宜旌茂实。”

城西南隅二百余里，有伽蓝余迹。其傍有窣堵波，神光时烛，灵瑞间发。近远众庶，莫不祈请。是过去四佛坐及经行遗迹之所。

故伽蓝西南行百余里，至鞮罗择迦伽蓝。庭宇四院，观阁三层，崇台累仞，重门洞启，频毗娑罗王末孙之所建也。旌召高才，广延俊德。异域学人，远方髦彦，同类相趋，肩随戾止。僧徒千数，并学大乘。中门当涂，有三精舍。上置轮相，铃铎虚悬。下建层基，轩槛周列。

户牖栋梁，堧垣阶陛，金铜隐起，厕间庄严。中精舍佛立像高三丈，左多罗菩萨像，右观自在菩萨像。凡斯三像，鍮石铸成，威神肃然，冥鉴远矣。精舍中各有舍利一升，灵光或照，奇瑞间起。

鞮罗择迦伽蓝西南九十余里，至大山。云石幽蔚，灵仙攸舍。毒蛇暴龙，窟穴其薮；猛兽鸷鸟，栖伏其林。山顶有大盘石，上建窣堵波。其高十余尺，是佛入定处也。昔者如来降神止此，坐斯磐石，入灭尽定[3]，时经宿焉。诸天灵圣，供养如来，鼓天乐，雨天花。如来出定，诸天感慕，以宝金银起窣堵波。去圣逾邈，宝变为石。自古迄今，人未有至。遥望高山，乃见异类。长蛇猛兽，群从右旋。天仙灵圣，肩随赞礼。

山东冈有窣堵波，在昔如来伫观摩揭陀国所履之处也。

山西北三十余里山阿，有伽蓝，负岭崇基，疏崖峙阁。僧徒五十余人，并习大乘法教，瞿那末底唐言"德慧"菩萨伏外道之处。

初，此山中有外道摩沓婆者，祖僧佉之法而习道焉。学穷内外，言极空有，名高前列，德重当时。君王珍敬，谓之国宝。臣庶宗仰，咸曰家师。邻国学人，承风仰德。俦之先进，诚博达也。食邑二城，环居封建。

时南印度德慧菩萨，幼而敏达，早擅精微，学通三藏，理穷四谛，闻摩沓婆论极幽微，有怀挫锐。命一门人，裁书谓曰："敬问摩沓婆善安乐也。宜忘劳弊，精习旧学，三年之后，摧汝嘉声。"

如是第二第三年中，每发使报。及将发迹，重裁书曰："年期已极，学业何如？吾今至矣，汝宜知之。"摩沓婆甚怀惶惧，诫诸门人及以邑户，自今之后，不得居止沙门异道。递相宣告，勿有犯违。

时德慧菩萨杖锡而来，至摩沓婆邑。邑人守约，莫有相舍。诸婆罗门更詈之曰："断发殊服，何异人乎？宜时速去，勿此止也。"德慧菩萨欲摧异道，冀宿其邑，因以慈心，卑辞谢曰："尔曹世谛之净行，我又胜义谛之净行。净行既同，何为见拒？"婆罗门因不与言，但事驱逐。

逐出邑外，入大林中。林中猛兽，群行为暴。有净信者，恐为兽害，乃束蕴持仗，谓菩萨曰："南印度有德慧菩萨者，远传声问，欲来论议。故此邑主惧坠嘉声，重垂严制，勿止沙门。恐为物害，故来相援。行矣自安，勿有他虑。"德慧曰："良告净信，德慧者，我是也。"净信闻已，更深恭敬，谓德慧曰："诚如所告，宜可速行。"即出深林，止息空泽。净信纵火持弓，周旋左右。夜分已尽，谓德慧曰："可以行矣。恐人知闻，来相图害。"德慧谢曰："不敢忘德。"

于是遂行至王宫，谓门者曰："今有沙门，自远而至，愿王垂许，与摩沓婆论。”王闻惊曰：“此妄人耳。”即命使臣往摩沓婆所，宣王旨曰：“有异沙门，来求谈论。今已莹洒论场，宣告远近。伫望来仪，愿垂降趾。”

摩沓婆问王使曰：“岂非南印度德慧论师乎？”曰：“然。”摩沓婆闻，心甚不悦。事难辞免，遂至论场。国王、大臣、士庶、豪族，咸皆集会，欲听高谈。德慧先立宗义，洎乎景落。摩沓婆辞以年衰，智惛捷对，请归静思，方酬来难。每事言归，及旦升座，竟无异论。至第六日，欧血而死。其将终也，顾命妻曰：“尔有高才，无忘所耻。”

摩沓婆死，匿不发丧，更服鲜绮，来至论会。众咸喧哗，更相谓曰：“摩沓婆自负才高，耻对德慧，故遣妇来，优劣明矣。”德慧菩萨谓其妻曰：“能制汝者，我已制之。”摩沓婆妻知难而退。王曰：“何言之密，彼便默然？”德慧曰：“惜哉！摩沓婆死矣，其妻欲来与我论耳。”王曰：“何以知之？愿垂指告。”德慧曰：“其妻之来也，面有死丧之色，言含哀怨之声。以故知之，摩沓婆死矣。‘能制汝者’，谓其夫也。”

王命使往观，果如所议。王乃谢曰：“佛法玄妙，英贤继轨。无为守道，含识沾化。依先国典，褒德有常。”德慧曰：“苟以愚昧，体道居贞，存止足，论济物。将弘汲引，先摧傲慢，方便摄化，今其时矣。唯愿大王以摩沓婆邑户，子孙千代，常充僧伽蓝人，则垂诫来叶，流美无穷。唯彼净信见匡护者，福延于世，食用同僧，以劝清信，以褒厚德。"于是建此伽蓝，式旌胜迹。

初，摩沓婆论败之后，十数净行，逃难邻国，告诸外道耻辱之事。招募英俊，来雪前耻。王既珍敬德慧，躬往请曰："今诸外道不自量力，结党连群，敢声论鼓。唯愿大师摧诸异道。"德慧曰："宜集论者。"于是外道学人欣然相慰："我曹今日，胜其必矣。"时诸外道阐扬义理。德慧菩萨曰："今诸外道逃难远游，如王先制，皆是贱人，我今如何与彼对论？"德慧有负座竖，素闻余论，颇闲微旨，待立于侧，听诸高谈。德慧拊其座而言曰："床，汝可论。"众咸惊骇，异其所命。时负座竖便即发难，深义泉涌，清辩响应。三复之后，外道失宗。重挫其锐，再折其翮。自伏论已来，立为伽蓝邑户。

德慧伽蓝西南二十余里至孤山，有伽蓝，尸罗跋陀罗唐言"戒贤"论师论义得胜，舍邑建焉。竦一危峰，如窣堵波置佛舍利。

论师三摩呾吒国之王族，婆罗门之种也。少好学，有风操，游诸印度，询求明哲。至此国那烂陀僧伽蓝，遇护法菩萨。闻法信悟，请服染衣，谘以究竟之致，问以解脱之路。既穷至理，亦究微言，名擅当时，声高异域。

南印度有外道，探赜索隐，穷幽洞微。闻护法高名，起我慢深嫉。不阻山川，击鼓求论，曰：“我南印度之人也。承王国内有大论师，我虽不敏，愿与详议。”王曰：“有之，诚如议也。”乃命使臣请护法，曰：“南印度有外道，不远千里，来求较论。唯愿降迹，赴集论场。”

护法闻已，摄衣将往。门人戒贤者，后进之翘楚也，前进请曰：“何遽行乎？”护法曰：“自慧日潜晖，传灯寂照。外道蚁聚，异学蜂飞。故我今者将摧彼论。”戒贤曰：“恭闻余论，敢摧异道。”护法知其俊也，因而允焉。是时戒贤年甫三十，众轻其少，恐难独任。护法知众心之不平，乃解之曰：“有贵高明，无云齿岁。以今观之，破彼必矣。”

逮乎集论之日，远近相趋，少长咸萃。外道弘阐大猷，尽其幽致。戒贤循理责实，深极幽玄。外道辞穷，蒙耻而退。王用酬德，封此邑城。论师辞曰：“染衣之士，事资知足，清净自守，何以邑为？”王曰：“法王晦迹，智舟沦滑，不有旌别，无励后学。为弘正法，愿垂哀纳。”论师辞不获已，受此邑焉。便建伽蓝，穷诸规矩，舍其邑户，式修供养。

注释

①**三明：**又作三达、三证法。达于无学位，除尽愚

暗，而于三事通达无碍之智明。即（一）宿命智证明，即明白了知我及众生一生乃至百千万亿生之相状之智慧。（二）生死智证明，即了知众生死时生时、善色恶色。或由邪法因缘成就恶行，命终生恶趣之中；或由正法因缘成就善行，命终生善趣中等等生死相状之智慧。（三）漏尽智证明，即了知如实证得四谛之理，解脱漏心，灭除一切烦恼等之智慧。

②**六通**：又作六神通，指六种超人间而自由无碍之力，即（一）神境通，（二）天眼通，（三）天耳通，（四）他心通，（五）宿命通，（六）漏尽通。

③**灭尽定**：又作灭受想定、灭尽三昧。即灭尽心、心所而住于无心位之定。此定为佛及俱解脱之阿罗汉远离定障所得，即以现法涅槃之胜解力而修入者。

译文

建揵稚声塔和提婆的传说

阿摩落伽塔的西北，一座旧伽蓝里，有一座塔，名为“建揵稚声”。当初，这座城里有上百所伽蓝，僧人们严肃认真，学业清高。外道学人，一声也不吭。后来僧人们相继去世，而后辈当中没有一个人能够继承前人的事业。外道师们却教出了一批有本领的学生。于是外道互相呼引，集合起成千上万的同伙，来到僧坊，高声喊道："敲揵稚吧，把你们的学人都召集起来！"那一群傻瓜全都到了，荒唐地把揵稚敲响。大家报告国王，请求比试高低。外道师才能高强，学识渊博。僧人们虽然人数众多，但是讲出的论点都很肤浅。外道说："我们的论点胜了。从今以后，各个僧伽蓝不得再敲揵稚来召集大众。"国王答应了外道的请求。依照先前辩论的规矩，僧人们蒙受耻辱，忍耐着走了。十二年内，再也未敲过揵稚。

那时南印度有一位那伽阏剌树那菩萨（大唐的语言翻作"龙猛"。旧译"龙树"，是错误的），从小就有很好的名声，成年后声誉更高，舍弃爱欲，出家修行学法。他深入钻研精妙的佛理，达到了初地的阶位。他有一位大弟子，名叫提婆，聪明机警，思维敏捷，理悟力强。提婆对他老师说："波吒厘子城的那些学者，辩论输给了外道，不敲揵稚，转眼之间，已经十二年了。我打算去推倒邪见之山，重燃正法之炬。"龙猛说："波吒厘子城的外道学问渊博，你不是他们的对手。如今还是我自己去吧。"提婆说："想要铲除腐烂的草，何必使整座山倾倒？请让我照您的教诲，去把那些外道的学说打倒。大师您替外道立论，而我来一一批判分析，弄清楚两者的优劣，然后再计划去的事情。”龙猛就假为外道立论和进行辩护，提婆针对龙猛的立论而进行批判。七天之后，龙猛的论点被驳倒。龙猛因此而感叹地说：“谬误的言辞容易被驳倒，邪义难以站住脚。你就去吧，一定能把他们打败。”

提婆菩萨早就有很高的名望，波吒厘子城的外道听说这事，立刻召集起来，赶紧报告国王说：“大王以前亲自观看过我们的辩论，规定沙门不得敲击揵稚。请大王传令各城的门官，不得让外国的僧人进城。以免他们互相支援，轻易地改变先前的规定。”国王答应了外道们的要求，严加监督。提婆到达以后，进不了城。提婆听说了那个禁令，就更换衣服，叠好僧衣，把它藏在草束中，然后撩起衣裳，顶着草束，快步闯过城门。进城以后，提婆扔掉草束，披上僧衣，来到这所伽蓝，想在那里居留休息。他没有认识的人，谁也不留他住宿，只好睡在揵稚台上。第二天一早，提婆用力敲击揵稚。僧人们闻声前来察看，原来就是昨天那个外来的比丘。各个僧伽蓝也跟着响应，敲响了揵稚。

国王听到声音，派人查问，不知道是谁领的头。使臣来到这所伽蓝，大家就推出提婆。提婆说：“揵稚这东西，就是用来敲击，以便召集僧人。有而不用，挂着它有什么意思？”国王的使臣回答说：“从前僧人们辩论失败，国王下令不准敲击揵稚，至今已经有十二年。”提婆说：“有这么回事吗？那我今天就重新把法鼓敲响。”使臣报告国王说：“有一个外国沙门，想要洗刷从前的耻辱。”国王就召集学者，并且规定说：“在辩论中失败了的，将以死谢罪。”于是外道学者们争相出场，大谈不同的义理，发挥自己的口才。提婆菩萨登上论座，听他们先说，然后针对不同的论点，一一将他们驳倒。不到十二天工夫，提婆就把所有的外道统统击败。国王和大臣们莫不欢喜，因此建造了这座塔，以表彰提婆高尚的德行。

马鸣的故事

建击揵稚塔的北面，有一处遗址，是从前鬼辩婆罗门居住的地方。当初，这座城里有一个婆罗门，在荒野中盖了草屋，住在那里，不与世人交往。他祭祀鬼神，以求功德，与鬼怪们相来往，高谈阔论，言辞高雅，互相应答。若是有人对他提出问题，他就放下幕帘，隔帘回答。在他以前的有学问人中，没有一个能够超过他。官吏和百姓对他肃然起敬，把他当作圣人。有一位名叫阿湿缚窭沙（大唐的语言翻作“马鸣”）的菩萨，遍知万物，通晓佛法，常常对人说：“这个婆罗门，学问既不是从老师那儿学来的，他的本领也没个来历。他隐居在荒野中，却独独有很高的名望。要不是与鬼神在一起，妖怪附在他身上，怎么可能这样呢？凡是辩论时依靠鬼神来指点的人，都不能面对着人说话，话说过一遍，就不能再说第二遍。我现在到他那里去，看看他的举动。”

马鸣便来到婆罗门的住所，对他说：“我仰慕您的美德，已经有很多日子。希望您撩起帘子，让我能够跟您谈一谈平素的想法。”然而那婆罗门却态度傲慢，隔着帘子对话，始终不跟马鸣面谈。马鸣心里明白其中必有鬼怪，所以神情也很自负，说完话，退出来，对人们说：“我已经了解他了，肯定能够把他打败。”马鸣立即向国王报告，希望国王批准，与那位在家人进行辩论。国王听了，非常惊讶地说：“这是个什么样的人物呀！要不是已经获得三明，具备六种神通，怎么能与那位婆罗门辩论呢？”国王命令准备车驾，亲临现场，以便仔细看看他们的辩论。这时候，马鸣讲说佛教三藏中精微要妙之言，阐述五明的重要义理，妙辩纵横，高论清远。等到那婆罗门讲完后，马鸣又说：“您误解我的意思了，请重新再讲一遍。”当时婆罗门默不作声，哑口无言。马鸣责备说：“您为什么不做解释？您敬奉的那位鬼怪，赶快把词儿教给您呀！”同时飞快地撩起他的帘子，去看那个鬼怪。婆罗门惊慌地说：“停住！停住！”马鸣退出来后说道：“这个人今天早晨声誉扫地。所谓虚名不长，就是这个样子。”国王说：“要不是有您这样具有盛德的人，谁能识破邪道？您认识人的本领，空前绝后。国家早有制度，应该表彰您的业绩。”

鞮罗择迦伽蓝及附近佛遗迹

城的西南方二百多里处，有一所伽蓝的遗址。伽蓝旁边有一座塔，时常有神光照亮，不时有灵瑞出现。远近的老百姓，无不到这里祈求福佑。这是过去四佛坐处及经行遗迹所在地。

从旧伽蓝往西南行一百余里，到鞮罗择迦伽蓝。伽蓝有四个院落，三层阁楼，楼台高耸，门有数重，是频毗娑罗王的末代子孙所建造的。伽蓝招聘来高明的学者，广泛地延请品德优秀的人才。外国的学者，远方的俊杰，同行们争先恐后，接踵而来。僧人有上千人，都学习大乘。中门正对着大路，有三座精舍。精舍顶上安置轮相，轮相四周，悬挂着铃铎。精舍下边，筑起层层台基，周围是窗户和栏槛。门窗、栋梁、墙和台阶上，金和铜的装饰物隐然浮现，其间十分美丽。中间那座精舍中的佛立像高三丈，左边精舍中是多罗菩萨像，右边精舍中是观自在菩萨像。这三尊像，都用黄铜铸成，威神肃然，似乎能看到冥冥中很远的事情。精舍中各有舍利一升，不时放出灵光，有时还有神奇的祥瑞。

鞮罗择迦伽蓝西南九十余里，到一座大山。山上岩石幽深，云雾弥漫，是神灵仙人所居住的地方。山洞里有毒蛇和暴龙，森林中有猛兽和鸷鸟。山顶上有一块大磐石，上面建造有一座塔。塔高十余尺，是佛入定的地方。从前，如来施展神通降临此地，坐在这磐石上，入灭尽定，历时一宿。天神们都来供养如来，奏起天上的音乐，像下雨一样撒下天上的花。如来出定后，得天神们感念，用宝石和金银建造起这座塔。时间过去太久，宝石变成了石头。从古至今，没有一个人到过这里。遥望高山，只看见野兽。长蛇猛兽，成群结队地绕着塔，右旋致敬。天神、大仙、精灵、圣人排着队前来礼赞。

大山的东冈上有一座塔，是从前如来站着观看摩揭陀国时脚踩过的地方。

德慧伽蓝及其故事

大山西北三十余里的一处山坡上，有一座伽蓝，背靠山岭，基础高大，悬崖上楼阁峙立。僧人有五十余人，都学习大乘法教，是瞿那末底（大唐的语言翻作“德慧”）菩萨降伏外道的地方。

当初，这座山里有一个名叫摩沓婆的外道，根据数论派的学说而修行。他精通内学和外道，能把关于空和有的道理讲得很透彻，名声超过前辈，德行为当代人所敬重。国王尊敬他，把他视作国宝。百官和人民敬仰他，都称他为家师。邻国的学人羡慕他的高名，敬仰他的美德。他在同辈中是先进，确实学问广博。国王封给他两座城，做他的食邑。

当时，南印度有一位德慧菩萨，从小很聪明，很早就以精专深妙而闻名，学通三藏，理穷四谛，听说摩沓婆谈论的学问非常深奥高妙，便下决心要挫败他。德慧派了一个门人送信给摩沓婆，说："谨向摩沓婆致敬问好。你最好忘掉疲劳，把学过的东西温习精熟，三年之后，我将要来摧毁你的高名。"

这样，第二年和第三年，德慧都派人送去了信。到了准备出发的时候，德慧又写了信，说："年限已满，你的学业怎样了？你要知道，我现在就要来了。"摩沓婆心里非常恐慌，他命令所有的门人和城中的民户，从今以后，不得收留沙门和异道。各家各户，都一一宣告，不得违犯。

这时候，德慧菩萨拿着锡杖，来到了摩沓婆的食邑。城中的人都遵守规定，谁也不收留他住下。婆罗门们还骂他："光秃秃的脑袋，稀奇古怪的衣裳，什么怪人哪？赶快走开，别在这里待着。"德慧菩萨为了打败外道，希望在他们的城里过夜，因此怀着慈悲的心肠，客客气气地对他们说："你们相信世俗的真理，修习净行；我相信佛教的真理，修习净行。同是修习净行，你们为什么要赶我走呢？"婆罗门不跟他说话，只是要赶他走。

德慧被赶出城后，进了一座大森林。林中有猛兽，经常成群地出来吃人。有一位信仰佛教的人，因为怕德慧被野兽伤害，就打着火把，拿着棍棒，对菩萨说："南印度有位名叫德慧的菩萨，从远处带信来，要到这里来辩论。这个城的主人因为害怕自己声誉扫地，下了严格的命令，不准收留沙门。我怕您受野兽伤害，所以前来帮助您。您只要离开这里，就没有事，不必有其他的顾虑。"德慧说："我愿意告诉您，我就是德慧。"信佛人听说以后，更加恭敬，对德慧说："真要是这样的话，那就请赶快走吧。"他们走出茂密的森林，停在一处空旷的沼泽地旁。信佛人点上火，拿着弓，巡行在周围。黑夜过去，他对德慧说："您可以走了。我担心人家知道以后，会来谋害您。"德慧感激地说："我决不敢忘记您的恩德。"

于是德慧来到王宫，对守门人说："现在有一位沙门，从远方来，希望大王准许，与摩沓婆进行辩论。"国王听了，惊讶地说："这是个狂妄之人吧。"国王命令使臣，到摩沓婆那里，宣布国王的旨意，说："有一个外国沙门前来要求辩论。现在已经打扫好论场，宣告给了远近的人。大家盼望着您的到来，希望您光临。”

摩沓婆问国王的使臣说：“莫不就是南印度的德慧论师？”使臣回答说：“是的。”摩沓婆听了，心里很不高兴。然而事情已经难以推辞，只好来到论场。这时候国王、大臣、士人、平民和豪族，全都集合到论场，打算听一听精彩的辩论。德慧先提出论题，加以论证，直到太阳落山。摩沓婆借口年老，脑子不行，不能马上回答，请求回家静心思索，然后再来答复对方提出的问题。每次德慧提出一个新的论点，他都说要回去想一想，到了第二天早上升座以后，竟然说不出什么不同的见解。到第六天，摩沓婆吐血而死。临死的时候，他给妻子留下遗言说：“你才能高强，千万别忘记我所受的耻辱。”

摩沓婆死后，他的妻子秘不发丧，反而穿起鲜丽的衣裳，来到辩论大会上。大家都喧闹起来，互相说道：“摩沓婆认为他才高，把与德慧辩论当作耻辱，所以派他的妻子前来，谁优谁劣，这已经很明白了。”德慧菩萨对摩沓婆的妻子说：“能够制伏你的那个人，我已经把他制伏了。”摩沓婆的妻子知道难以取胜，便退了下来。国王问德慧：“您的话中有什么秘密，她听了便默不作声？”德慧说：“可怜啊！摩沓婆死了，所以他的妻子才来跟我辩论。”国王说：“您怎么知道他死了？请您指教。”德慧说：“他的妻子来的时候，脸上带着失去亲人的神色，话里充满悲哀怨恨的声调。所以我知道，摩沓婆死了。‘能够制伏你的那个人’，指的就是她的丈夫。”

国王派了使臣前去察看，事情果然与德慧说的一样。国王抱歉地说：“佛法玄妙，高明的人一个接一个。无为而守道，众生得到佛法的教化。我要依据国家过去的规矩，奖励有德之士。”德慧说：“我虽然愚昧，但是学习佛道，注重操行，知止知足，主张平等地看待万物。当我准备弘济他人的时候，我先去除掉那些人的傲慢之心，用合适的方法来化度众生，现在正是这样做的时候。我只希望大王让摩沓婆的邑户的子孙，世世代代充当僧伽蓝的人，这样可以给后世留下一个教训，使美事永远流传下去。那个保护过我的信佛的人，让他一生享福，吃和用都同于僧人，以勉励人们虔诚信佛，并奖励有大德的人。”于是建造了这所伽蓝，表彰德慧出色的功绩。

当初，摩沓婆辩论失败之后，有十几个婆罗门逃难到邻国，把受耻辱的事情告诉了那里的外道。外道们招募了有才华的学者，回来洗刷先前的耻辱。国王既珍爱和敬重德慧，便亲自去请他，说：“如今那些外道不自量力，他们结成党，连成群，竟敢把论鼓敲响。我希望大师去挫败那些外道。”德慧说：“那就请把要辩论的人召集起来。”于是外道学人们高兴地互相安慰说：“我们今天一定能胜。”外道们宣讲了他们的主张。德慧菩萨说：“这些外道曾经逃难流亡，照国王先前的规定，他们如今都是贱人，我现在怎么能与他们面对面地进行辩论呢？”德慧有一个为他背负座床的仆人，常听到一些德慧的议论，也比较熟悉德慧所讲的精微的理论，正站在一旁，听着各位的辩论。德慧拍拍他的座床，说：“负座人，你可以去跟他们辩论。”众人大吃一惊，奇怪他怎么会做这样的吩咐。这时那个背负座床的仆人便立即发问，深刻的道理像泉水一般涌出，清晰的辩词如同应对的回声。三个回合之后，外道的主张被驳倒。德慧再次挫败了外道的锋芒，折断了他们的翅膀。自从这次辩论失败，他们一直充当伽蓝的邑户。

戒贤伽蓝及其故事

德慧伽蓝西南二十余里外是一座孤山，山上有一所伽蓝，是尸罗跋陀罗（大唐的语言翻作“戒贤”）论师辩论得胜，舍弃所得到的封邑而建造的。一座高高的山峰耸立，就像一座安置佛舍利的塔。

戒贤论师是三摩呾吒国的王族，婆罗门种姓。戒贤少年时勤奋好学，品德高尚，周游印度各地，求访高明的老师。他到了此国的那烂陀寺，遇见护法菩萨。戒贤听闻佛法，得到觉悟，就请求出家，探求根本的道理，寻找获得解脱的道路。他既穷究了深刻的义理，又透彻地了解了精微的学说，在当时很有名，在外国也有很高的声望。

南印度有一位外道，探索隐晦深奥的问题，精通玄奥精妙的事理。外道听说护法的名望很高，心中生出嫉妒。他不顾山川阻隔，前来击鼓，要求辩论，说道："我是南印度的人。听说大王国内有一个大论师，我虽然愚笨，但愿意与他仔细辩论一番。"国王说："是有一个，就如你所说一样。"国王便命令使臣去请护法，说："南印度有一位外道，不远千里，前来要求辩论。希望您光临，前往辩论的会场。"

护法听到以后，穿好衣服，准备出发。他的门人戒贤，在晚辈当中出类拔萃，上前请求护法说："您为什么走得这样急呢？"护法说："自从智慧的太阳把光辉藏起来以后，传法的灯寂静无声地照着。外道像蚂蚁一样聚集在一起，各种异道的学说像蜂一样乱飞。所以我现在要去驳倒他们的理论。"戒贤说："我听过您的一些议论，我敢于去驳倒外道。"护法知道他的才能，因而答应了他的请求。这时候戒贤年纪刚刚三十，大家都轻视他，认为他年轻，恐怕他一个人难以胜任。护法知道大家不服气，就解释说："人应该看有没有高明的本领，不应该讲年纪大小。从现在的情况看，戒贤一定能够打败对方。”

到了集会辩论的那一天，远近的人都赶来，老少全都到齐。外道阐述了一番大的道理，尽量把道理讲得透彻。戒贤依循正理，考察其实质，讲得极为深刻。外道理屈词穷，蒙受耻辱而退出论场。国王为了酬谢戒贤的成绩，把这座城封给他做食邑。戒贤论师推辞说：“出家之人，东西够用就行，清净自守，要这食邑有什么用处？”国王说：“法王已经离开人间，济度众生的智慧之船已经沉沦，如果不进行表彰，无以激励后学。为了弘扬佛法，我恳求您收下来。”戒贤论师推辞不了，接受了这个食邑。他随后就建造伽蓝，极尽规矩，用来自邑户的收入，作为供养。

原典

戒贤伽蓝西南行四五十里，渡尼连禅河，至伽耶城。甚险固，少居人。唯婆罗门有千余家，大仙人祚胤也，王所不臣，众咸宗敬。城北三十余里有清泉，印度相传谓之圣水。凡有饮濯，罪垢消除。

城西南五六里，至伽耶山，溪谷杳冥，峰岩危险，印度国俗称曰灵山。自昔君王驭宇承统，化洽远人，德隆前代，莫不登封而告成功。山顶上有石窣堵波，高百余尺，无忧王之所建也。灵鉴潜被，神光时烛。昔如来于此演说《宝云》等经。

伽耶山东南有窣堵波，迦叶波本生邑也。其南有二窣堵波，则伽耶迦叶波、捺地迦叶波旧曰“那提迦叶”，讹也。洎诸迦叶例无“波”字，略也。事火之处。

伽耶迦叶波事火东渡大河，至钵罗笈菩提山唐言“前正觉山”。如来将证正觉，先登此山，故云前正觉也。。如来勤求六岁，未成正觉。后舍苦行，示受乳糜。行自东北，游目此山，有怀幽寂，欲证正觉，自东北冈，登以至顶。地既震动，山又倾摇。山神惶惧，告菩萨曰："此山者非成正觉之福地也。若止于此，入金刚定，地当震陷，山亦倾覆。"

菩萨下自西南山半崖中，背岩面涧，有大石室。菩萨即之加趺坐焉。地又震动，山复倾摇。时净居天空中唱曰："此非如来成正觉处。自此西南十四五里，去苦行处不远，有卑钵罗树，下有金刚座，去来诸佛咸于此座而成正觉。愿当就彼。"菩萨方起，室中龙曰："斯室清胜，可以证圣。唯愿慈悲，勿有遗弃。"菩萨既知非取证所，为遂龙意，留影而去影在昔日，贤愚咸睹。洎于今时，或有得见。。诸天前导，往菩提树。逮乎无忧王之兴也，菩萨登山上下之迹，皆树旌表，建窣堵波。度量虽殊，灵应莫异，或天花雨空中，或光照幽谷。每岁罢安居日，异方法俗，登修供养，信宿乃还。

前正觉山西南行十四五里，至菩提树。周垣垒砖，崇峻险固。东西长，南北狭，周五百余步。奇树名花，连阴接影。细沙异草，弥漫绿被。正门东辟，对尼连禅河。南门接大花池，西厄险固，北门通大伽蓝。壖垣内地，圣迹相邻，或窣堵波，或复精舍，并赡部洲诸国君王、大臣、豪族，钦承遗教，建以记焉。

菩提树垣正中，有金刚座。昔贤劫初成，与大地俱起，据三千大千世界中，下极金轮，上侵地际。金刚所成，周百余步。贤劫千佛坐之而入金刚定，故曰金刚座焉。证圣道所，亦曰道场。大地震动，独无倾摇。是故如来将证正觉也，历此四隅，地皆倾动。后至此处，安静不倾。自入末劫，正法浸微，沙土弥覆，无复得见。佛涅槃后，诸国君王传闻佛说金刚座量，遂以两躯观自在菩萨像，南北标界，东面而坐。闻诸耆旧曰："此菩萨像身没不见，佛法当尽。"今南隅菩萨没过胸臆矣。

金刚座上菩提树者，即毕钵罗之树也。昔佛在世，高数百尺，屡经残伐，犹高四五丈。佛坐其下，成等正觉，因而谓之菩提树焉。茎干黄白，枝叶青翠，冬夏不凋，光鲜无变。每至如来涅槃之日，叶皆凋落，顷之复故。是日也，诸国君王，异方法俗，数千万众，不召而集，香水香乳，以溉以洗。于是奏音乐，列香花，灯炬继日，竞修供养。

如来寂灭之后，无忧王之初嗣位也，信受邪道，毁佛遗迹，兴发兵徒，躬临剪伐。根茎枝叶，分寸斩截，次西数十步而积聚焉。令事火婆罗门，烧以祠天。烟焰未静，忽生两树，猛火之中，茂叶含翠，因而谓之灰菩提树。无忧王睹异悔过，以香乳溉余根。洎乎将旦，树生如本。王见灵怪，重深欣庆，躬修供养，乐以忘归。王妃素信外道，密遣使人，夜分之后，重伐其树。无忧王旦将礼敬，唯见蘖株，深增悲慨。至诚祈请，香乳溉灌，不日还生。王深敬异，垒石周垣。其高十余尺，今犹见在。

近设赏迦王者信受外道，毁嫉佛法，坏僧伽蓝，伐菩提树，掘至泉水，不尽根柢。乃纵火焚烧，以甘蔗汁沃之，欲其燋烂，绝灭遗萌。数月后摩揭陀国补剌拏伐摩王唐言“满胄”，无忧王之末孙也，闻而叹曰：“慧日已隐，唯余佛树。今复摧残，生灵何睹？”举身投地，哀感动物。以数千牛，构乳而溉。经夜树生，其高丈余。恐后剪伐，周峙石垣，高二丈四尺。故今菩提树隐于石壁，出一丈余。

菩提树东，有精舍，高百六七十尺。下基面广二十余步，垒以青砖，涂以石灰。层龛皆有金像，四壁镂作奇制，或连珠形，或天仙像。上置金铜阿摩落迦果亦谓宝瓶，又称宝壶。东面接为重阁，檐宇特起三层，榱柱栋梁，户扉寮牖，金银雕镂以饰之，珠玉厕错以填之。奥室邃宇，洞户三重。外门左右各有龛室，左则观自在菩萨像，右则慈氏菩萨像。白银铸成，高十余尺。

精舍故地，无忧王先建小精舍，后有婆罗门更广建焉。初，有婆罗门不信佛法，事大自在天。传闻天神在雪山中，遂与其弟往求愿焉。天曰："凡诸愿求，有福方果。非汝所祈，非我能遂。"婆罗门曰："修何福可以遂心？"天曰："欲植善种，求胜福田。菩提树者，证佛果处也。宜时速反，往菩提树，建大精舍，穿大水池，兴诸供养，所愿当遂。"婆罗门受天命，发大信心，相率而返。兄建精舍，弟凿水池。于是广修供养，勤求心愿。后皆果遂，为王大臣。凡得禄赏，皆入檀舍。

精舍既成，招募工人，欲图如来初成佛像。旷以岁月，无人应召。久之，有婆罗门来告众曰："我善图写如来妙相。"众曰："今将造像，夫何所须？"曰："香泥耳。宜置精舍之中，并一灯照。我入已，坚闭其户，六月后乃可开门。"

时诸僧众，皆如其命。尚余四日，未满六月，众咸骇异，开以观之，见精舍内佛像俨然，结加趺坐。右足居上，左手敛，右手垂，东面而坐，肃然如在。座高四尺二寸，广丈二尺五寸。像高丈一尺五寸，两膝相去八尺八寸，两肩六尺二寸。相好具足，慈颜若真，唯右乳上图莹未周。既不见人，方验神鉴。众咸悲叹，殷勤请知。有一沙门，宿心淳质，乃感梦见往婆罗门而告曰："我是慈氏菩萨，恐工人之思不测圣容，故我躬来图写佛像。垂右手者，昔如来之将证佛果，天魔来娆，地神告至。其一先出，助佛降魔。如来告曰：'汝勿忧怖。吾以忍力，降彼必矣。'魔王曰：'谁为明证？'如来乃垂手指地言：'此有证。'是时第二地神踊出作证。故今像手仿昔下垂。"众知灵鉴，莫不悲感。于是乳上未周，填厕众宝，珠缨宝冠，奇珍交饰。

设赏迦王伐菩提树已，欲毁此像。既睹慈颜，心不安忍，回驾将返，命宰臣曰："宜除此佛像，置大自在天形。"宰臣受旨，惧而叹曰："毁佛像则历劫招殃，违王命乃丧身灭族。进退若此，何所宜行？"乃召信心，以为役使，遂于像前，横垒砖壁。心惭冥暗，又置明灯，砖壁之前，画自在天。功成报命。王闻心惧，举身生疱，肌肤攫裂，居未久之，便丧没矣。宰臣驰返，毁除障壁。时经多日，灯犹不灭。像今尚在，神工不亏。既处奥室，灯炬相继。欲睹慈颜，莫由审察，必于晨朝，持大明镜，引光内照，乃睹灵相。夫有见者，自增悲感。

如来以印度吠舍佉月后半八日成等正觉，当此三月八日也。上座部则吠舍佉月后半十五日成等正觉，当此三月十五日也。是时如来年三十矣，或曰年三十五矣。

菩提树北有佛经行之处。如来成正觉已，不起于座，七日寂定。其起也，至菩提树北，七日经行。东西往来，行十余步，异华随迹，十有八文。后人于此垒砖为基，高余三尺。闻诸先志曰：此圣迹基表人命之修短也。先发诚愿，后乃度量。随寿修短，数有增减。

经行基北道右，盘石上大精舍中有佛像，举目上望。昔者如来于此七日观菩提树，目不暂舍。为报树恩，故此瞻望。

菩提树西不远，大精舍中有鍮石佛像。饰以奇珍，东面而立。前有青石，奇文异采，是昔如来初成正觉，梵王起七宝堂，帝释建七宝座，佛于其上七日思维。放异光明，照菩提树。去圣悠远，宝变为石。

菩提树南不远，有窣堵波，高百余尺，无忧王之所建也。菩萨既濯尼连河，将趣菩提树，窃自思念："何以为座？"寻自发明，当须净草。天帝释化其身为刈草人，荷而逐路。菩萨谓曰："所荷之草，颇能惠耶？"化人闻命，恭以草奉。菩萨受已，执而前进。

受草东北不远，有窣堵波，是菩萨将证佛果，青雀群鹿呈祥之处。印度休征，斯为嘉应。故净居天随顺世间，群从飞绕，效灵显圣。

菩提树东，大路左右，各一窣堵波，是魔王娆菩萨处也。菩萨将证佛果，魔王劝受轮王。策说不行，殷忧而返，魔王之女请往诱焉。菩萨威神，衰变冶容，扶羸策杖，相携而退。

菩提树西北精舍中有迦叶波佛像。既称灵圣，时烛光明。闻诸先记曰：若人至诚，旋绕七周，在所生处，得宿命智①。

迦叶波佛精舍西北二砖室，各有地神之像。昔者如来将成正觉，一报魔至，一为佛证。后人念功，图形旌德。

菩提树垣西不远，有窣堵波，谓郁金香。高四十余尺，漕矩吒国商主之所建也。昔漕矩吒国有大商主，宗事天神，祠求福利，轻蔑佛法，不信因果。其后将诸商侣，贸迁有无。泛舟南海，遭风失路。波涛飘浪，时经三岁。资粮罄竭，糊口不充。同舟之人，朝不谋夕。勠力同志，念所事天。心虑已劳，冥功不济。俄见大山，崇崖峻岭。两日联晖，重明照朗。时诸商侣更相慰曰：“我曹有福，遇此大山，宜于中止，得自安乐。”商主曰：“非山也，乃摩竭鱼耳。崇崖峻岭，须鬣也。两日联晖，眼光也。”言声未静，舟帆飘凑。

于是商主告诸侣曰：“我闻观自在菩萨于诸危厄，能施安乐。宜各至诚，称其名字。”遂即同声，归命称念。崇山既隐，两日亦没。俄见沙门威仪庠序，杖锡凌虚，而来拯溺。不逾时而至本国矣。因即信心贞固，求福不回。建窣堵波，式修供养，以郁金香泥而周涂上下。既发信心，率其同志，躬礼圣迹，观菩提树。未暇言归，已淹晦朔。商侣同游，更相谓曰：“山川悠间，乡国辽远。昔所建立窣堵波者，我曹在此，谁其洒扫？”言讫旋绕，至此忽见窣堵波。骇其由致，即前瞻察，乃本国所建窣堵波也。故今印度因以郁金为名。

菩提树垣东南隅尼拘律树侧窣堵波，傍有精舍，中作佛坐像。昔如来初证佛果，大梵天王于此劝请转妙法轮。

菩提树垣内，四隅皆有大窣堵波。在昔如来受吉祥草已，趣菩提树，先历四隅，大地震动。至金刚座，方得安静。树垣之内，圣迹鳞次，差难遍举。

菩提树垣外西南窣堵波，奉乳糜二牧女故宅。其侧窣堵波，牧女于此煮糜。次此窣堵波，如来受糜处也。

菩提树垣南门外有大池，周七百余步。清澜澄镜，龙鱼潜宅，婆罗门兄弟承大自在天命之所凿也。次南一池，在昔如来初成正觉，方欲浣濯，天帝释为佛化成池。西有大石，佛浣衣已，方欲曝晒，天帝释自大雪山持来也。其侧窣堵波，如来于此纳故衣。次南林中窣堵波，如来受贫老母施故衣处。

帝释化池东林中，有目支邻陀龙王池，其水清黑，其味甘美。西岸有小精舍，中作佛像。昔如来初成正觉，于此宴坐七日入定。时此龙王警卫如来，即以其身绕佛七匝，化出多头，俯垂为盖，故池东岸有其室焉。

目支邻陀龙池东林中精舍，有佛羸瘦之像。其侧有经行之所，长七十余步，南北各有卑钵罗树。故今土俗，诸有婴疾，香油涂像，多蒙除差。是菩萨修苦行处。如来为伏外道，又受魔请，于是苦行六年。日食一麻一麦，形容憔悴，肤体羸瘠，经行往来，攀树后起。

菩萨苦行卑钵罗树侧，有窣堵波，是阿若憍陈如等五人住处。初，太子之舍家也，彷徨山泽，栖息林泉，时净饭王乃命五人随瞻侍焉。太子既修苦行，憍陈如等亦即勤求。

憍陈如等住处东南，有窣堵波，菩萨入尼连禅那河沐浴之处。河侧不远，菩萨于此受食乳糜。其侧窣堵波，二长者献麨蜜处。佛在树下结加趺坐，寂然宴默，受解脱乐，过七日后，方从定起。时二商主行次林外，而彼林神告商主曰："释种太子今在此中，初证佛果，心凝寂定，四十九日未有所食。随有奉上，获大善利。"时二商主各持行资麨蜜奉上，世尊纳受。

长者献麨侧有窣堵波，四天奉钵处。商主既献麨蜜，世尊思以何器受之。时四天从四方来，各持金钵而以奉上。世尊默然而不纳受，以为出家不宜此器。四天王舍金钵，奉银钵，乃至颇胝、琉璃、马脑、车渠、真珠等钵。世尊如是皆不为受。四天王各还宫，奉持石钵，绀青映彻，重以进献。世尊断彼此故而总受之，次第重叠，按为一钵。故其外则有四隆焉。

四天王献钵侧不远，有窣堵波，如来为母说法处也。如来既成正觉，称天人师。其母摩耶自天宫降于此处，世尊随机，示教利喜。其侧涸池岸，有窣堵波，在昔如来现诸神变化有缘处。

现神变侧有窣堵波，如来度优楼频螺迦叶波三兄弟及千门人处。如来方垂善道，随应降伏，时优楼频螺迦叶波五百门人请受佛教。迦叶波曰："吾亦与尔俱返迷途。"于是相从来至佛所。如来告曰："弃鹿皮衣，舍祭火具。"时诸梵志恭承圣教，以其服用投尼连河。捺地迦叶波见诸祭器随流漂泛，与其门人候兄动静。既见改辙，亦随染衣。伽耶迦叶波二百门人闻其兄之舍法也，亦至佛所，愿修梵行。

度迦叶波兄弟西北窣堵波，是如来伏迦叶波所事火龙处。如来将化其人，克伏所宗，乃止梵志火龙室。夜分已后，龙吐烟焰。佛既入定，亦起火光。其室洞然，猛焰炎炽。诸梵志师恐火害佛，莫不奔赴，悲号愍惜。优楼频螺迦叶波谓其徒曰："以今观之，未必火也。当是沙门伏火龙耳。"如来乃以火龙盛置钵中，清旦持示外道门人。其侧窣堵波，五百独觉同入涅槃处也。

目支邻陀龙池南窣堵波，迦叶波救如来溺水处也。

迦叶兄弟时推神通，远近仰德，黎庶归心。世尊方导迷徒，大权摄化。兴布密云，降澍暴雨，周佛所居，令独无水。迦叶是时见此云雨，谓门人曰："沙门住处将不漂溺？"泛舟来救，乃见世尊履水如地，蹈河中流，水分沙现。迦叶见已，心伏而退。

菩提树垣东门外二三里，有盲龙室。此龙者，殃累宿积，报受生盲。如来自前正觉山欲趣菩提树，途次室侧。龙眼忽明，乃见菩萨将趣佛树，谓菩萨曰："仁今不久当成正觉。我眼盲冥，于兹已久。有佛兴世，我眼辄明。贤劫之中过去三佛出兴世时，已得明视。仁今至此，我眼忽开。以故知之当成佛矣。"

菩提树垣东门侧，有窣堵波，魔王怖菩萨之处。初，魔王知菩萨将成正觉也，诱乱不遂，忧惶无赖。集诸神众，齐整魔军，治兵振旅，将胁菩萨。于是风雨飘注，雷电晦冥。纵火飞烟，扬沙激石。备矛楯之具，极弦矢之用。菩萨于是入大慈定，凡厥兵杖，变为莲华。魔军怖骇，奔驰退散。其侧不远有二窣堵波，帝释梵王之所建也。

菩提树北门外摩诃菩提僧伽蓝，其先僧伽罗国王之所建也。庭宇六院，观阁三层，周堵垣墙高三四丈。极工人之妙，穷丹青之饰。至于佛像，铸以金银。凡厥庄严，厕以珍宝。诸窣堵波高广妙饰，中有如来舍利。其骨舍利，大如手指节，光润鲜白，皎彻中外。其肉舍利，如大真珠，色带红缥。每岁至如来大神变月满之日，出示众人即印度十二月三十日，当此正月十五日也。。此时也，或放光，或雨花。僧徒减千人，学习大乘上座部法。律仪清肃，戒行贞明。

昔者南海僧伽罗国，其王淳信佛法，发自天然。有族弟出家，想佛圣迹，远游印度。寓诸伽蓝，咸轻边鄙。于是返迹本国，王躬远迎。沙门悲哽，似若不能言。王曰："将何所负，若此殷忧？"沙门曰："凭恃国威，游方问道。羁旅异域，载罹寒暑。动遭凌辱，语见讥诮。负斯忧耻，讵得欢心？"曰："若是者何谓也？"曰："诚愿大王福田为意，于诸印度建立伽蓝。既旌圣迹，又擅高名，福资先王，恩及后嗣。"曰："斯事甚美，闻之何晚？"

于是以国中宝，献印度王。王既纳贡，义存怀远，谓使臣曰："我今将何持报来命？"使臣曰："僧伽罗王稽首印度大吉祥王，威德远振，惠泽遐被。下土沙门，钦风慕化，敢游上国，展敬圣迹。寓诸伽蓝，莫之见馆。艰辛已极，蒙耻而归。窃图远谋，贻范来叶。于诸印度，建此伽蓝，使客游乞士，息肩有所。两国交欢，行人无替。"王曰："如来潜化，遗风斯在。圣迹之所，任取一焉。"

使者奉辞报命，群臣拜贺。遂乃集诸沙门，评议建立。沙门曰："菩提树者，去来诸佛咸此证圣。"考之异议，无出此谋。于是舍国珍宝，建此伽蓝，以其国僧而修供养。乃刻铜为记曰："夫周给无私，诸佛至教。慧济有缘，先圣明训。今我小子，丕承王业。式建伽蓝，用旌圣迹，福资祖考，惠被黎元。唯我国僧，而得自在。及有国人，亦同僧例。传之后嗣，永永无穷。"故此伽蓝多执师子国僧也。

菩提树南十余里，圣迹相邻，难以备举。每岁比丘解安居，四方法俗百千万众，七日七夜，持香花，鼓音乐，遍游林中，礼拜供养。印度僧徒依佛圣教，皆以室罗伐拏月前半一日入两[2]安居，当此五月十六日。以频湿缚庾阇月后半十五日解两安居，当此八月十五日。印度月名，依星而建，古今不易，诸部无差。良以方言未融，传译有谬，分时计月，致斯乖异。故以四月十六日入安居，七月十五日解安居也。

注释

①**宿命智**：明白了知我及众生一生乃至百千万亿生之相状的智慧。

②"两"，宋、元本作"雨"。

译文

伽耶城与伽耶山

戒贤寺院西南行四五十里，渡过尼连禅河，便到伽耶城。城险要而坚固，居民很少。只有一千余户婆罗门，都是大仙人的后裔，国王不以他们为臣民，大家都很尊敬他们。城北三十余里的地方有一处清泉，印度相传称之为圣水。人只要喝了这泉水或者在这泉水里洗澡，罪恶的污垢就会消除。

城西南五六里，到伽耶山，溪谷幽深，峰崖危险，印度的老百姓称之为灵山。自古以来，君王们一旦征服天下，继承王位，教化达到远方，恩德超过前代，无不登上这山顶，筑坛祭天，宣告成功。山顶上有一座石塔，高一百余尺，是无忧王所建造的。山上潜藏着灵异的力量，时常放出神光。从前如来在这里演说《宝云》等经典。

伽耶山的东南有一座塔，是迦叶波出生的地方。它的南边有两座塔，是伽耶迦叶波和捺地迦叶波（旧称“那提迦叶”，是错误的。所有的迦叶，如果没有“波”字，那是省略了）拜火的地方。

前正觉山

伽耶迦叶波拜火的地方往东，渡过大河，到钵罗笈菩提山（大唐的语言翻作“前正觉山”。如来将证正觉，先登此山，所以称为前正觉山）。如来辛勤修行六年，未成正觉。后来他放弃苦行，接受了牧女奉献的奶粥。他从东北方向走来，望见此山，觉得非常幽静，打算证得正觉，从东北的山岗，登上山顶。这时大地震动，山也摇晃。山神们害怕，对菩萨说：“这座山不是成正觉的好地方。要是停在这里，入金刚定，地就会被震陷，山也会倾倒。”

菩萨从西南，下到半山间，背靠山岩，面对山涧，有一个大石窟。菩萨就停在这儿，结跏趺坐。这时大地又发生震动，山又摇晃。净居天在空中喊道：“这里不是如来成正觉的地方。从这里往西南十四五里，离修苦行的地方不远，有一棵毕钵罗树，树下有金刚座，过去和未来诸佛都在这个座上而成正觉。请菩萨到那里去。”菩萨刚立起身，石窟中的龙对菩萨说：“这个石窟清净而佳胜，可以证得圣果。希望您发慈悲，不要离开。”菩萨既已知道这里不是证得圣果的地方，但为了满足龙的要求，便留下身影而去（过去这身影任何人都能见到。到现在，只是有时能见到了）。天神们在前面引路，菩萨前往菩提树。到了无忧王做国王的时候，在菩萨上山下山经过的地方，都树立标志，建造起塔。塔的大小虽然不同，但是神灵感应却一样，有时候花从空中像雨一般落下，有时候光明照耀幽暗的山谷。每年结束雨安居的日子里，各地的僧人和俗人都上山去朝拜供养，经过一天一夜才回去。

金刚座和菩提树

前正觉山西南行十四五里，到菩提树。树四周的围墙用砖垒成，高峻险固。东西长，南北窄，方圆五百余步。奇树名花，绿荫相接。遍地细沙异草，一片绿色。正门朝东开，对着尼连禅河。南门与大花池相连，西边地形险固，北门与大伽蓝相通。围墙内圣迹相邻，或者是塔，或者是精舍，都是赡部洲各国的君王、大臣和豪族依照佛的遗教而建造的。

菩提树围墙内正中，有金刚座。从前贤劫刚刚开始的时候，它与大地同时出现，位于三千大千世界中心，下至金轮，上至地面。由金刚构成，方圆一百余步。由于贤劫千佛都坐在这里入金刚定，因此称为金刚座。由于这是证得圣道的地方，因此也叫作道场。大地震动，独独这里不会摇动。所以如来将要证得正觉的时候，走遍周围四角，地都震动。后来来到这里，这里安然不动。自从进入末劫以来，佛法日趋衰微，金刚座也因沙土覆盖而看不见了。如来涅槃之后，各国君王根据传闻，知道了佛所说的金刚座的大小，就用两尊朝东而坐的观自在菩萨像，分别标明金刚座的南界和北界。听老人们说："一旦这两尊菩萨像被沙土埋没，佛法就会消灭。"如今南边那尊菩萨像已经被没过胸部了。

金刚座上的菩提树，就是毕钵罗树。从前佛在世的时候，树高数百尺，虽然经过多次砍伐，还有四五丈高。因为佛坐在它下面获得等正觉，因此称为菩提树。茎干黄白，枝叶青翠，冬夏不凋，光鲜不变。每到如来涅槃的日子，树叶全部凋落，不一会儿又恢复如故。这一天，各国的君王，各地的僧人和俗人，成千上万，不用召集就聚集到这里，用香水香乳浇洗菩提树。在这里吹奏音乐，摆列香花，点燃灯炬，夜以继日，竞相供养。

如来寂灭之后，无忧王刚做国王的时候，信奉邪道，破坏佛的遗迹，带领士兵，亲自来砍伐菩提树。树的根茎枝叶，被砍得粉碎，堆放在西边几十步远的地方。无忧王命令拜火的婆罗门，把树烧掉，祭祀天神。烟火还没有灭，灰堆里忽然长出两棵新树，大火之中，茂盛的树叶青翠明亮，因此人们称它们为灰菩提树。无忧王见到这神奇的现象，后悔自己错了，用香乳灌溉剩下的树根。到天亮时候，树还长成原来的模样。无忧王见到这样奇异的事，更加深感庆幸，亲自供养，高兴得忘记了回去。无忧王的王妃素来信奉外道，暗中派人，在夜里重新把树砍掉。无忧王早上前来礼拜的时候，只看见砍剩的树桩，心里非常难过。他虔诚祈祷，用香乳灌溉，不到一天工夫，树又长了出来。无忧王心中产生深深的敬意，他用石头垒起一座围墙。墙高十余尺，如今还在。

近代的设赏迦王信奉外道，诋毁佛法，破坏僧伽蓝，砍伐菩提树，一直掘到泉水处，仍然掘不尽树根。于是他放火焚烧，再用甘蔗汁浇灌，想把它烧焦沤烂，连树芽也要消灭掉。几个月后，摩揭陀国的补剌拏伐摩王（大唐的语言翻作“满胄”），是无忧王的末代子孙，听说了这事，感叹地说：“智慧的太阳已经隐没，只剩下了佛树。如今连它也遭到摧残，众生还能看见什么呢？”满胄王扑倒在地，伤心的模样能感动万物。他用几千头牛，挤出奶，浇溉菩提树。经过一夜，树又长出，有一丈多高。满胄王害怕以后树会再被剪伐，就在四周用石头筑起围墙，高二丈四尺。所以现在菩提树藏蔽在石壁后面，高出石壁一丈多。

菩提树东精舍及佛像的故事

菩提树东，有一座精舍，高一百六七十尺。下边的基座每一面宽二十余步，用青砖垒成，涂抹石灰。每层的神龛里都有金像，四壁的雕刻形制奇特，有的作连珠图案，有的作天仙像。精舍顶上，安放着一个金和铜制的阿摩落迦果(又叫宝瓶，或称宝壶)。东面连接着楼阁，屋檐飞起三层，椽柱栋梁，门扇窗户，都用镂刻的金银装饰，用珠玉镶嵌。屋宇深邃，有三重门户。外门左右各有龛室，左边是观自在菩萨像，右边是弥勒菩萨像。两尊像都用白银铸成，高十余尺。

在精舍的旧地，无忧王先前建造了一所小精舍，后来有一个婆罗门又做了扩建。当初，有一个婆罗门不信佛法，祭祀大自在天。他听说大自在天神住在雪山中，就与弟弟一起前去求愿。自在天说："无论什么愿望，有了功德才能得到实现。既不是你们所能祈求的，也不是我所能使它实现的。"婆罗门说："修什么功德可以实现心愿呢？"自在天说："要种植善种，求得福田。菩提树是证得佛果的地方。你们应该立即回去，前往菩提树前，修建大精舍，开凿大水池，兴办各种供养，你们的愿望就会实现。"婆罗门兄弟得到大自在天的命令，生大信心，一起回去。哥哥修建精舍，弟弟开凿水池。于是广修供养，勤求心愿。后来都如愿以偿，做了国王的大臣。他们凡是得到俸禄和赏赐，全都用来施舍。

精舍建成以后，就招募工匠，准备建造一尊如来最初成佛时的像。经过许多年月，没有一人应召。过了很长一段时间，有一个婆罗门来，对僧人们说："我最善于画如来的妙相。"大家说："你要造像，需要些什么东西？"婆罗门说："只需要香泥。你们把香泥放在精舍中，再用一盏灯，为我照明。我进去后，你们把门关紧，六个月以后，才可开门。"

僧人们当时都照他的吩咐办理。等到六个月还剩四天的时候，大家感到十分奇怪，就打开了门看他，看见精舍内有一尊佛像，庄重严肃，结跏趺坐。佛右脚在上，左手提起，右手下垂，向东而坐，神态肃然，像活的一样。佛像的座高四尺二寸，宽一丈二尺五寸。像高一丈一尺五寸，两膝相距八尺八寸，两肩之间六尺二寸。相好具足，慈颜若真，只是右乳上面还没有图画和打磨完全。见不到人，大家方才明白这是神在显灵。僧人们悲伤感叹，很想知道究竟是怎么回事。有一个沙门，从来虔诚而淳朴，梦见那位婆罗门对他说："我是弥勒菩萨，我怕工匠们想象不出佛的圣容，所以亲自前来图画佛像。佛像右手下垂，是因为从前如来将要成佛的时候，天魔前来扰乱，地神们报告天魔到来。其中一个首先跳出来，助佛降魔。如来对地神说：‘你不要害怕。我凭借忍的力量，必能降伏魔王。’魔王说：‘谁做证人？’如来就垂手指地说：‘这里有证人。’这时候第二个地神就跳出来做证。所以如今佛像的手仿照当初那样下垂。”僧人们知道这是弥勒显灵，莫不悲伤感动。于是在右乳上未完成的地方镶嵌上各种珍宝，给佛像戴上珠缨宝冠，装饰上奇珍异宝。

设赏迦王砍伐菩提树之后，想要毁掉这尊佛像。他见到佛慈祥的容颜，内心却又不安，回驾将返，命令宰臣说：“应该除掉这尊佛像，安放一尊大自在天的像。”宰臣接受了国王的命令，心中害怕，叹息说：“我要是毁坏了佛像，就会永世遭殃；要是违抗王命，则会丧身灭族。左右为难，到了如此地步，我该怎么办啊？”他召来信佛的人，当作差役，在佛像前垒起一道砖墙。他心里惭愧，觉得好像是在黑暗之中做了坏事，又放上一盏明灯，在砖墙前面，画上大自在天的像。事情完成，宰臣向设赏迦王做了汇报。设赏迦王听到之后，内心恐惧，全身长出水疱，皮开肉绽，没过多久，便丧了命。宰臣立即赶回去，拆掉砖墙。虽然时间过去多日，灯仍未灭。佛像至今还在，神奇的工艺一点未受损伤。佛像在深邃的房屋之中，所以灯火相继不绝。要想看见佛慈祥的容颜，仍然很难看清楚，必须在早晨拿一面大而明亮的镜子，把阳光反射进去，才看得见佛的灵相。凡是见到的人，自然更增伤悲之感。

如来在印度的吠舍佉月后半月的第八天成等正觉，相当于中国的三月八日。上座部则说是在吠舍佉月后半月的第十五天成等正觉，相当于中国的三月十五日。这时候如来已经三十岁了，有的人说是三十五岁。

菩提树周围圣迹

菩提树的北边，有佛经行的地方。如来成等正觉后，没有从座位上站起身来，而继续入定七天。他起身以后，到菩提树北，经行七天。如来在东西之间，往来行走十余步，奇异的花纹随他的足迹而出现，共有十八处。后人在这里用砖垒起墙基，高三尺多。据先前的记载说：这座墙基上的圣迹能显示人寿命的长短。先发一个虔诚的愿望，然后再去度量。随着发愿者寿命的长短，它们的数目也不相同。

在经行墙基北的道路右边，磐石上面的大精舍中有一尊佛像，做抬头仰望之状。从前如来在这里观看菩提树，前后七天，眼睛一刻也不往别处看。如来是为了报答菩提树的恩惠，所以这样瞻仰。

在菩提树西不远的一所大精舍中，有一尊黄铜佛像。佛像以奇异的珍宝装饰，向东而立。前面有一块青色的石头，纹理和色彩都很奇特，是从前如来初成正觉时，梵王为他建造七宝堂，帝释为他建造七宝座，佛坐在上面，入定七天的地方。石头放出神异的光辉，照着菩提树。离大圣的时代已经太久，宝石变成了石头。

菩提树南边不远，有一座塔，高一百余尺，是无忧王所建造的。菩萨在尼连禅河里沐浴以后，打算前往菩提树，他心里想："用什么来做座位呢？"不一会儿，他就想出来了，应当用净草。天帝释将自身变作割草人，挑着一担净草，在路上走。菩萨对他说："您挑的草，能给我一点吗？"割草人听到吩咐，恭敬地把草献给菩萨。菩萨接受以后，就拿着草，继续往前。

接受净草的地方东北不远，有一座塔，是菩萨将要成佛的时候，青雀和群鹿呈祥的地方。在印度的吉兆当中，这是最好的一种。所以净居天照着世间的习惯，成群地绕着菩萨飞行，来显示他的灵妙和神圣。

菩提树东边，大路左右，各有一座塔，是魔王扰乱菩萨的地方。菩萨将要证得佛果的时候，魔王劝说他做转轮王。劝说无效，魔王伤心而归，魔王的女儿们请求前去引诱菩萨。菩萨的神威使她们美貌的面容变得衰老，她们拖着瘦弱的身体，拄着拐杖，相互搀扶着一齐走开。

菩提树西北的精舍中，有一尊迦叶波佛像。佛像灵妙神圣，时放光辉。据先前的记载说：若是有人诚心诚意，旋绕七周，就能在自己转生处，获得宿命智。

迦叶波佛精舍西北的两间砖室里，各有一尊地神的像。从前如来将要成正觉，一个地神报告魔王的到来，一个地神为佛做证。后人为了纪念他们的功绩，造像表彰他们的功德。

郁金香塔

菩提树围墙西不远，有一座塔，名叫郁金香。塔高四十余尺，是漕矩吒国的商主所建造的。从前，漕矩吒国有一位大商主，敬奉天神，祈求福利，轻蔑佛法，不信因果报应。后来他领着一帮商人去做买卖。他们泛舟南海，遭遇大风，迷失了方向。船随着波涛，到处漂荡了三年。储备的粮食吃光了，再也没有东西可以充饥。一船的人，朝不虑夕。大家只能一心念诵所祭祀的天神，可心神疲惫下的念诵并没有效果。不一会儿，看见一座大山，山上崇崖峻岭。又有两个太阳，光芒相连，照得雪亮。这时商人们互相庆幸说："我们有福，遇见这座大山，我们应该停靠到这山上去，就会平安无事。"商主却说："这不是山，是摩竭大鱼。崇崖峻岭，是鱼的须。两个太阳光芒相连，是鱼眼睛的光。”话音未落，船就开始向鱼漂过去。

于是商主对同伴们说：“我听说观自在菩萨能够在人们遭遇危险时送来安乐。我们应该各自虔诚地念诵他的名字。”大家便同声念诵观自在菩萨的名字，表示皈依。高山消失，两个太阳也没有了。不一会儿，只见一位沙门，举止安详，拄着锡杖，凌空而来，救助他们免遭沉溺之祸。不到一个时辰，商人们就回到本国。商人们因此有了坚定的信仰，一心追求功德。他们建造了一座塔，敬修供养，用郁金香泥涂抹塔的周围上下。商主信仰佛教之后，领着志同道合的商人，亲自去礼拜圣迹，瞻仰菩提树。还没来得及回去，时间已经过了整整一个月。商人们走在一起，互相说道：“山河阻隔，乡国遥远。如今我们在这里，先前建造的那座塔谁来洒扫呢？”话刚说完，转过弯突然见到有一座塔。大家惊奇这塔是从哪里来的，上前仔细一看，原来就是在本国所建的那一座塔。所以现在印度就用郁金一名来称呼这座塔。

如来受奶粥处

菩提树围墙东南角，尼拘律树侧的塔旁边，有一所精舍，里面是一尊佛的坐像。从前如来刚刚证得佛果的时候，大梵天王在这里请求如来转妙法轮。

菩提树的围墙内，四个角上都有一座大塔。从前如来接受吉祥草后，前往菩提树，先经过这四个角，大地震动。走到金刚座，才得安静。树的围墙内，圣迹鳞次栉比，难以备举。

菩提树围墙外西南面有一座塔，是献奶粥的两个牧女的旧居。旁边的塔，是牧女煮粥的地方。再旁边的塔，是如来接受粥的地方。

目支邻陀龙王池

菩提树围墙的南门外有一个大水池，方圆七百余步。清澈的水波像明镜一样，鱼龙潜居，是婆罗门兄弟奉大自在天之命所开凿的。再南边的一个水池，是从前如来初成正觉，正要洗衣服和洗澡时，由天帝释为佛变化而成。水池西边有一块大石头，是佛洗完衣服，正要晒衣，由天帝释从大雪山搬来的。它旁边的塔，是如来缝补旧衣服的地方。再南边树林中的塔，是如来接受穷苦老妇人布施旧衣服的地方。

帝释化池东边的树林中，有目支邻陀龙王池，池水清黑，水味甘美。池的西岸有小精舍，中有佛像。从前如来初成正觉，在这里静坐，入定七天。当时龙王为了保卫如来，就用自己的身体绕佛七周，变化出许多头，从上面垂下来作为盖，因此水池东岸有龙的洞室。

目支邻陀龙王池东边树林中的精舍，有一尊佛瘦弱之像。旁边有佛经行的地方，长七十余步，南北各有毕钵罗树。因此现在当地人的习惯，要是有病，就用香油涂像，病多半能够痊愈。这是菩萨修苦行的地方。如来为了降伏外道，又接受了魔王的请求，于是苦行六年。他每天只吃一麻一麦，形容憔悴，身体干瘦，往来经行，扶着树才站得起来。

商主献炒麦粉及四天王献钵处

菩萨苦行毕钵罗树的旁边，有一座塔，是阿若憍陈如等五人的住处。当初太子弃家出走，游行山野，住在树林里，净饭王就命令五个人去随从伺候。太子修苦行以后，憍陈如等人也跟着修苦行。

憍陈如等人住处的东南，有一座塔，是菩萨入尼连禅那河沐浴的地方。河边不远，是菩萨接受奶粥的地方。旁边的塔，是两位长者献炒麦粉和蜜的地方。佛在树下结跏趺坐，静默入定，享受解脱之乐，七天之后，方从定起。这时候有两位商主从树林外经过，树神告诉商主说：“释迦族的太子如今正在这树林里，他刚刚证得佛果，凝神入定，四十九天没有吃东西。你们有什么就向他献上什么，会获得大利益。”两个商主各自拿出预备在路上吃的炒麦粉和蜜献上，世尊接受了。

长者献炒麦粉处旁边有一座塔，是四天王献钵的地方。商主献上炒麦粉和蜜，世尊就想，用什么容器来接受。这时四天王从四方前来，各自手捧金钵献上。世尊不说话，没有接受，认为出家人不宜使用这样的东西。四天王舍弃金钵，献上银钵，甚至献上颇胝、琉璃、玛瑙、车渠、珍珠等做的钵，世尊同样都没有接受。四天王各自回宫，取来石钵，紫青颜色，光可照人，重新献上。世尊为了不厚此薄彼，把四个石钵都一起收下，依次叠起，压成一个。所以它的外面有四条边。

如来为母亲说法及化度迦叶波兄弟处

四天王献钵处旁边不远，有一座塔，是如来为母亲说法的地方。如来既成正觉，被称作天神和人的导师。他的母亲摩耶从天宫来到这里，世尊按照她的根机，教导她，使她快乐并获得利益。旁边有一个干涸的水池，岸上有一座塔，是从前如来显示种种神变，化度有缘人的地方。

显示神变处旁边有一座塔，是如来化度优楼频螺迦叶波三兄弟及其一千门人的地方。如来刚刚垂示佛教的道理，随应机缘，降伏外道，这时优楼频螺迦叶波的五百门人就要求接受佛的教导。迦叶波说：“我也和你们一起，从错误的道路上回过头来。”他们于是一起来到佛那里。如来告诉他们说：“你们不要穿鹿皮衣，把祭火用的器具扔掉。”当时那些婆罗门恭恭敬敬，照着佛的教导，把鹿皮衣和祭火的器具扔进了尼连禅河。捺地迦叶波看见那些祭器在河里漂流，就和他的门人们一起去看他哥哥的动静。看见哥哥已经改正了信仰，他也跟着做了僧人。伽耶迦叶波与他的两百个门人听说他的哥哥抛弃了以前的信仰，也到佛那里，希望修习梵行。

化度迦叶波兄弟处西北有一座塔，是如来降伏迦叶波所祭祀的火龙的地方。如来将要化度某人的时候，会先降伏他的崇拜对象，于是住进了婆罗门所祭祀的火龙的洞室。天黑以后，龙喷烟吐火。佛既已入定，也放出火光。洞室大开，猛烈的火焰烧得通亮。那些婆罗门师害怕大火会伤害佛，都奔赴现场，悲伤号哭。优楼频螺迦叶波对他的徒弟们说：“从现在的情况看，未必是火。应该是沙门在降伏火龙。”如来把火龙盛放在钵中，天亮以后，拿给外道的门人们看。旁边的塔，是五百独觉同时入涅槃的地方。

迦叶波救佛处

目支邻陀龙池南边有一座塔，是迦叶波从大水中救佛的地方。当时迦叶兄弟的神通为人们所推崇，到处都敬仰他们的德行，老百姓很佩服。世尊刚刚引导迷途之辈，大力化度众生。天布密云，降下大雨，但佛的住地四周，独独无水。迦叶这时看见这云雨，对门人们说："沙门住的地方会不会被淹没呢？"他驾着船来搭救，看见世尊踩在水上就像踩在地上一样，走到河流当中，水分开，沙露出来。迦叶见后，衷心佩服，走开了。

菩提树围墙东门外二三里，有盲龙的洞室。这条龙因为过去世的罪孽的报应，天生瞎眼。如来要从前正觉山到菩提树去，路过洞室旁边。龙的眼睛突然复明，看见菩萨要到菩提树去，对菩萨说："您如今不久将成正觉。我的眼睛失明，到现在已经很久了。如果有佛出世，我的眼睛就会复明。贤劫中的过去三佛出世的时候，我的眼睛已经复明过。如今您到了这里，我的眼睛忽然睁开。因此我知道您即将成佛。"

菩萨战胜魔王处

菩提树东门旁边，有一座塔，是魔王恐吓菩萨的地方。当初，魔王知道菩萨将要成正觉，他引诱、扰乱，都不能得逞，心中忧愁惶恐，闷闷不乐。魔王召集各种神兵，整顿魔军，演习作战，要威胁菩萨。于是风雨大作，雷电交加，天昏地暗。魔王纵火飞烟，扬沙激石。矛盾弓箭，各类武器，都用上了。菩萨于是入大慈定，所有的兵器都变成莲花。魔军惊恐万分，纷纷逃跑。旁边不远有两座塔，是帝释天和梵王所建造的。

摩诃菩提僧伽蓝

菩提树北门外的摩诃菩提僧伽蓝，是从前僧伽罗国国王所建造的。伽蓝有六座院落，楼阁三层，四周的围墙高三四丈。建造的工匠技巧极其高妙，图画的精彩无以复加。而佛像则是用金银铸成的。所有的装饰，都镶嵌珍宝。每座塔高大宽广，装饰奇妙，中间安置有如来的舍利。其中的骨舍利大如手指节，光润鲜白，里外透明。其中的肉舍利大如珍珠，浅红色。每年到如来的大神变月的满月之日，舍利会被拿出来给众人参观（即印度十二月三十日，相当于中国的正月十五日）。这个时候，或者舍利放光，或者天雨鲜花。伽蓝中僧人不到千人，皆学习大乘上座部法。戒律严明，戒行端正。

从前有南海僧伽罗国，其国王天生笃信佛法。他有一个出家的族弟，由于思念佛的圣迹，远游印度。他寄居的各处伽蓝，都看不起从边远国家来的人。他于是返回本国，国王亲自远迎。沙门悲伤哽咽，似乎说不出话来。国王说："你受了什么委屈，以致这样难过？"沙门说："我依仗国威，游方问道。在外国旅行，饱受寒暑之苦。一举一动都遭受凌辱，一言一语都被人讥笑。蒙受了这样的辛苦和耻辱，我怎么还能高兴得起来？"国王说："这是因为什么呢？"沙门说："我真诚地希望大王以树立福田为意，在五印度建造一所伽蓝。这样既能表扬圣迹，又会有崇高的名声，使先王得福，使后代得到好处。"国王说："这件事很好，为什么我知道得这样晚呢？"

于是，僧伽罗国王把国内的珍宝献给印度的国王。印度国王接受了贡物，想到应该与远方的国家建立友好关系，对使臣说："我现在用什么来回报你们国王呢？"使臣说："僧伽罗王谨向印度大吉祥王致敬，大王的声威远振，德泽到达了遥远的地方。下国的沙门，钦慕风化，游历上国，朝拜圣迹。沙门寄住在各个伽蓝，可是却没有一个伽蓝愿意收留。艰难辛苦，达到极点，蒙受着耻辱回到本国。我们国王做了一个长远的计划，想给后代做个榜样。即在五印度建一所伽蓝，使游方的客僧有个地方休息。让两国相互友好，来往的人不断。"印度王说：

“如来虽然已经离去，但遗风尚存。在有圣迹的地方当中，请你们任选一处。”

使臣把这番话报告了僧伽罗国王，大臣们都向国王祝贺。国王召集沙门，商量建造伽蓝的事。沙门说：“菩提树是过去和未来诸佛成道的地方。”其他的建议，没有一个比这个主张更好。于是国王拿出国家的珍宝，建造了这座伽蓝，用本国的僧人而修供养。国王刻铜为记，说：“无私地布施，是诸佛最高的教导。帮助有缘的人，是先圣们的明训。今我小子，荣幸地继承了王业。我建造伽蓝，为的是表彰圣迹，福德及于祖先，老百姓得到好处。我国的僧人，从此得到自在。其他国家的人，也和我国僧人一样。传给后代，永远无穷。”因此这所伽蓝中多半是执狮子国的僧人。

安居日月

菩提树南十余里，圣迹相连，难以一一举出。每年比丘在雨安居结束以后，四方的僧人和俗人成千上万，七天七夜，手拿香花，奏着音乐，遍游林中，礼拜供养。印度的僧人依照佛教的规定，都在室罗伐拏月前半月的第一天开始雨安居，相当于中国的五月十六日。在颏湿缚庾阇月后半月的第十五天结束雨安居，相当于中国的八月十五日。印度的月份名称，依据十二星次而确定，自古以来未曾改变，部派之间没有差别。可能因为两地的语言不通，传译有误，在划分季节、计算月份的时候造成了这个差错。所以中国僧人在四月十六日入雨安居，七月十五日结束雨安居。

源流

《大唐西域记》一书，如果要说“源”，可以从两方面来讲：一是中国求法僧的著作传统，一是中国历史上撰写域外地志的传统。

先说第一方面。佛教在汉代传入中国，最初只有从西方来的外国僧人在中国传教、译经。曹魏末年，汉人朱士行为求取经本，西行到于阗，是为有记载的最早向西方求法的中国人。东晋以后，佛教得到大发展，向西方求法的中国僧人数量大大增加。东晋末年，法显西行，成为第一个到达印度本土的中国僧人。法显从陆路去，先到北印度，然后到达中印度，再从东印度乘船到达斯里兰卡，最后从斯里兰卡乘船回到中国。这在当时是一件极不平凡的壮举。法显回国后，将他的经历撰写成书，这就是有名的《法显传》（又称作《高僧法显传》或《佛国记》)。法显的书，第一次以亲见亲闻的形式，向中国人详细报告了西天佛国的情形。比法显稍后，又有僧人智猛，也到了印度。智猛回国，也撰有《游行外国传》，可惜书后来很早就佚失了。其他的，例如僧人昙景著有《外国传》，僧人法维著有《佛国记》，僧人法盛著有《历国传》，大约都是类似的著作，可惜后来也都佚失了。甚至连他们西行的年代今天也不是很清楚。只有北魏时奉太后命西行的僧人惠生的《行记》，赖《洛阳伽蓝记》中长段的引文，至今尚可知道其主要内容。求法僧们为追求佛法，"轻万死以涉葱河，重一言而之柰苑"，倘能回到中国，只要可能，自然愿意把自己的经历和见闻记录下来。这对于宣传佛教和让人们了解佛教以及佛教的诞生地印度的情况，无疑很有用处。玄奘在唐初出国，孤征数万里，在印度十余年，所行最远，所见最广，所知又最多，他回国以后，撰成《大唐西域记》一书，正可以看作继承求法僧著作的传统。

再说第二方面。中华民族注重务实，历来喜好历史和地理。前汉司马迁撰写《史记》，就有《大宛列传》，专门记载汉武帝时开拓西域，包括张骞出使，所获得的有关西域的知识。班固撰《汉书》，更专门写了《西域传》一节。以后的史书，不管是官修，还是私人编撰，大多有一个或更多的专节介绍西域的情况。魏晋南北朝时期，民族大融合，原来住在中国西北一带一些少数民族迁移到中原地区，中原的人民，也有不少移居到河西甚至于西域的。这些，都推动和增加了中国和西域地区之间的交流和往来。迁徙的民族、出行的使节、求法的僧人带回更多的消息，大大丰富了中国人对于域外的知识，于是出现数量上前所未有的一批有关域外地理的著作。这些著作，虽然后来大多都已散佚，但在流传下来的一些书里，例如北魏郦道元的《水经注》和一些类书，有所反映。出于相同的原因，同时为了更好地宣传佛教，让人们了解佛教，中国的僧人从来对撰写西域，其中包括印度的地志类的著作有很大的热情。在玄奘的《大唐西域记》之前，实际上已经有好些由中国僧人撰写的类似的著作。东晋时的名僧道安撰有《西域志》，支僧载撰有《外国事》，竺枝撰有《扶南记》，隋代的彦琮撰有《西域传》以及彦琮与裴矩合著的《天竺记》，都是例子。玄奘撰写《大唐西域记》，因此也可以看作对这一传统的继承和发展。

当然，玄奘撰《大唐西域记》也有一个最直接的动因，就是唐太宗的要求。太宗这样做，可能包括有政治上的一些考虑。经过隋末的大乱，群雄已被翦平，天下大定，太宗雄才大略，正在考虑如何经营西域，发展与西域各国的交往。这一点，在最前面《题解》一节中，已经讲到了。

至于说到“流”，在玄奘以后，与玄奘《大唐西域记》有关系的著作，首先应该提到的，是玄奘的弟子慧立和彦悰撰写的《大慈恩寺三藏法师传》。这部书，虽然体裁上与《大唐西域记》不同，但全书十卷，记述了玄奘一生的事迹，其中有一半（卷一至卷五）都是讲玄奘西行求法的经历。书中许多地方，与《大唐西域记》相表里，或彼略而此详，或彼详而此略，可以互相印证和补充。慧立和彦悰，在玄奘在世时，都亲炙过玄奘，所以书中材料非常值得重视。而且，书中对玄奘艰难卓绝的求法经历以及玄奘舍生忘死、矢志西行的伟大精神，有着极为生动的描写。全书篇章布局得当，记事准确，叙述流畅，文字优美，在中国古代传记文学史上，也称得上是一部空前的杰作。

其次应该提到的是道宣的《释迦方志》。道宣也是唐初的高僧，又是律宗的大师。他与玄奘同时，虽然自己没有到过印度，但在玄奘回国后，参加过玄奘的译场，得以与玄奘有许多接触。道宣一生，著述极丰，《释迦方志》就是其中之一。《释迦方志》书名中“方志”二字，标出它完全是一部记叙古印度的地理志类的著作。道宣虽未亲履其地，但他依靠他能见到的所有典籍，尤其是玄奘新撰的《大唐西域记》，也包括他亲自从玄奘和其他人，例如唐初出使印度的王玄策获得的其他有关知识，撰成此书。因此他的书中仍有一些新材料。道宣撰书，时间上略晚于玄奘，唐初中印之间的交往，玄奘赴印之后的事，更做了一些补充。

在玄奘返国二十多年后，中国僧人中又有义净到了印度。义净从海路去，仍从海路还。义净在印度居留了十多年，加上在南海一带停留的时间，前后在国外二十余年。义净在南海时，撰成《大唐西域求法高僧传》和《南海寄归内法传》两部书。这两部书，作为中国求法僧的著作，也极负盛名。尤其是后一部书，详细记述印度及南海佛教的仪轨，对于了解当时印度佛教僧伽的制度、行为规定以及印度南海与佛教有关的社会生活的各个方面，都非常有价值。书中讲的“圣教”，从理论上讲，一直被后来的一些中国僧人认为佛教徒行为的最高标准，只是在实践中很难完全执行。

比义净稍晚，还有唐玄宗开元年间赴印度的新罗僧人慧超，回到中国后，也写有一部行记，称作《往五天竺国传》。现存的有二十世纪初在敦煌发现的残本，其中也记载了一些当时印度的情况，但在翔实的程度上还是远远不能与《大唐西域记》相比。作为全面记述古代印度地理、历史、民族、语言、物产、宗教、风俗、文化的一部伟大著作，玄奘的《大唐西域记》，在历史上是空前绝后的了。

解说

玄奘的《大唐西域记》，不仅在中国佛教著作中是一部杰作，在世界上也是一部“奇书”。它有着多方面的价值和意义。

首先，在中国历史上，到达印度的求法僧，并不在少数，但像玄奘这样，遍游五印度，学有成就，最后回国，又留下《大唐西域记》这样伟大著作的，却不多。可以与玄奘相比，在玄奘之前的，只有东晋的法显。法显的游踪也很广，回国后写下了《法显传》一书。在玄奘之后，只有稍晚的义净。义净写的两种与印度最有关系的书，上面《源流》一节已经讲到。法显和义净，成就当然也是巨大的。他们的书，也很重要。但是，三人之中，如果要做比较，应该说，玄奘是最突出的。

初唐时期，中国僧人西行求法的运动，曾经在历史上形成一个空前的高潮。一大批僧人到达印度，学习佛教。人数之多，周游地区之广，历史上空前绝后。这个高潮的形成，有各种的原因，玄奘个人品格所树立的榜样，应该说是其中之一。玄奘求法成功的经历，无疑大大鼓舞和坚定了所有求法僧们西行的决心和意志。而他的《大唐西域记》一书，则为西行的僧人们事先就提供了一份翔实而有用的指南。典型的例子就是义净，他写的《大唐西域求法高僧传》，开篇的第一句话就是："观夫自古神州之地，轻生徇法之宾，（法）显法师则创辟荒途，（玄）奘法师乃中开王路。"玄奘是唐代西行求法的第一人，在他之后，每一位求法僧，无不把他当作最高的楷模，从而踏上西行的征途。

其次，玄奘写成的《大唐西域记》一书，极大地增加了当时中国人对于西域地区，尤其是其中的印度各国情况的认识。这大大有利于当时中国内地和西域各国国家之间、人民之间的交往。唐代在中国历史上，国力最为强盛，文化事业极一代之盛，这种局面的形成，当然有多方面的原因，其中无疑应该包括善于吸收外来文化，对外来文化持一种开放的态度这一条。唐代中国与外国交往频繁，贸易活跃。这从任何方面讲，对中国和外国都有好处。玄奘的书，无疑促进了这一过程的发展。举一个例子。《新唐书》卷二百二十一《西域传》中有《天竺国》一节，其中就讲到戒日王和玄奘，说：

武德中，国大乱，王尸罗逸多勒兵战无前，象不弛鞍，士不释甲，因讨四天竺，皆北面臣之。会唐浮屠玄奘至其国，尸罗逸多召见曰："而国有圣人出，作《秦王破阵乐》，试为我言其为人。"玄奘粗言太宗神武，平祸乱，四夷宾服状。王喜，曰："我当东面朝之。"贞观十五年，自称摩伽陀王，遣使者上书。帝命云骑尉云梁怀璥持节尉抚。尸罗逸多惊问国人："自古亦有摩诃震旦使者至吾国乎？"皆曰："无有。"戎言中国为摩诃震旦。乃出迎，膜拜受诏书，戴之顶。复遣使者随入朝。诏卫尉丞李义表报之。大臣郊迎，倾都邑纵观，道上焚香，尸罗逸多率群臣东面受诏书。复献火珠、郁金、菩提树。

很显然，这段叙述，前一半就来自玄奘或玄奘的《大唐西域记》。因为玄奘到达印度，戒日王派了使节到中国来，中印之间的联系重新建立了起来。不仅如此，同书同传中接着还有"摩揭它国"，也就是"摩揭陀国"一节，其中又讲：

摩揭它，一曰摩伽陀，本中天竺属国。……贞观二十一年，始遣使者自通于天子，献波罗树，树类白杨。太宗遣使取熬糖法，即诏扬州上诸蔗，拃沈如其剂，色味愈西域远甚。高宗又遣王玄策至其国摩诃菩提祠立碑焉。后德宗自制钟铭，赐那烂陀祠。

这说明，当时中印之间新建立的联系，不仅仅限于一般的礼聘往来，连制糖的技术也由此从印度传来，传来后又在中国得到提高。中印之间友好交往，互相学习，这又成一段佳话。有这样的事，玄奘功不可没。

但是，对玄奘书的价值，在宋代以后，能有所认识的人似乎越来越少。这也有一个例子。清代乾隆年间，编辑《四库全书》，其中收有《大唐西域记》，编书的馆臣们都是极一时之选的博学之士，可是他们撰写的《四库全书总目》，在卷七十一，把清代时西域的情况与《大唐西域记》的记载做了对比，认为《大唐西域记》书中多为传闻，最后对《大唐西域记》评价道：

“……我皇上开辟天西，咸归版籍。《钦定西域图志》征实传信，凡前代传闻之说，一一厘正。此书侈陈灵异，尤不足稽。然山川道里，亦有互相证明者，姑录存之，备参考焉。”

馆臣们的评价相当低。其实，当时的馆臣们并不真正了解域外的情况，所以已经不知道玄奘书的巨大价值了。

对玄奘书的价值重新加以认识，实际上是在近代开始的。近代的西方人到达印度后，欧洲的一些学者，既包括一部分印度学家，又包括一部分汉学家，为了研究印度古代的历史以及中国和印度的交往史，开始注意到玄奘的《大唐西域记》。由于文化传统的不同，在古代印度，没有一部可以称为信史的文献。当时，学者们研究印度历史最感困难的，就是缺乏可靠的文献资料。当他们发现在中国的文献中还有像《大唐西域记》这样全面地记载古代印度的书，其中的材料又这样丰富，真是高兴得无以复加。他们把玄奘的书，还有法显和义净的书，都翻译成西方语言，介绍到西方和印度。他们做的工作，不仅仅是一般的翻译，而更多的是研究。这一时期，欧洲学者出版的翻译或者专门研究《大唐西域记》的书，最主要的，就有这样几种：

S. Julien: *Mémoires sur les contrées occidentales*, traduits du Sanscrit en Chinois, en L'An 648, par Hiouen-Thsang, et du Chinois en Français, 2 tomes, Paris, 1857—1958

idem: *Histoire de la Vie de Hiouen-Thsang et de ses Voyages dans L'lnde, depuis L'An* 629 *jusqu'en* 645, par Hoeï-li et Yen-Thsong, suive de Documents et d'Eclaircissements Geographiques tires de la Relation Originale de Hiouen-Thsang, Paris, 1853

这是法文方面的。

S. Beal: *Si-yu-ki*, *Buddhist Records of the Western*

World, 2 vols., London, 1884

idem: *The Life of Hiuen Tsiang by the Shaman Hwui Li*, London, 1911

T. Watters: *On Yuan Chwang's Travels in India, 629—645 A.D.*, 2 vols., London, 1904—1905

这几种是英文方面的。其他的，与《大唐西域记》有关或引用到《大唐西域记》的书和论文则不可计数。

当时，英印政府已经在印度以及中亚地区开始进行大规模的考古调查和发掘。玄奘书中的记载，为寻找早已湮没的古代的城市、道路，以及各种各样的古迹提供了大量的线索。考古的学者们几乎都把《大唐西域记》当作他们开展工作的“指南”和“手册”。当玄奘在书中记载的那些古城和古迹，先后一个个被发现、发掘出来时，可以想象，学者们是多么兴奋。在这些工作中，玄奘的书起了重要的作用。人们明白了，玄奘的记载，绝不是凭空的虚构，而是有实在的根据。《大唐西域记》的价值再次被人们发现，受到一致的肯定。《大唐西域记》在国际学术界获得了极大的名声，从此成为一部世界性的名著。当然，《大唐西域记》书中的内容这样丰富，它不仅为考古提供了材料，对研究西域地区的历史、语言、佛教以及更多方面的学者们来说，它都极为有用。它的价值，用学者们的一句话来说：无论怎样评价也不会过分。这句话，并不是一般的溢美之词。

在欧洲学者之后或同时，日本也有不少学者研究《大唐西域记》，他们也出版了多种专著。日本有很多人信仰佛教，历史上与中国文化渊源又深，玄奘和玄奘的书，从来就很受尊敬。他们的学者研究《大唐西域记》，虽然起步稍晚，但在资料和文献上用力甚勤，成果也不小。这方面的情况，我们在前面《题解》一章的“版本流行和节选情况”一节中已经做了一些列举。至今日本还有一些学者仍在对《大唐西域记》做更深更进一步的研究。

至于我们中国人自己，在民国以后，一直到二十世纪八十年代，也对《大唐西域记》做了不少的研究工作。二十世纪五十、六十和八十年代，都出版过新的《大唐西域记》的校本和校注本。其中尤其是一九八五年北京中华书局出版的《大唐西域记校注》，成绩最为显著。这一点，前面已经提到了。这里需要补充的是，如果要更多地了解玄奘《大唐西域记》一书的现代价值，应该参考这本书书前由北京大学季羡林先生撰写的长篇前言——《玄奘与〈大唐西域记〉》。这篇前言，长达十多万字，对《大唐西域记》做了全面详细的介绍和评价，从学术的角度看，可以说是写得最好的。时至今日，北京大学的一些学者正在计划根据新的资料，重对《大唐西域记》做一番研究。我们衷心希望，他们的计划能够成功。

参考书目

中文部分：

1.《大唐西域记》《大正藏》本

2.《大唐西域记》 吕澂校点 南京 金陵刻经处 一九五七年

3.《大唐西域记》 章巽校点 上海人民出版社 一九七七年

4.《大唐西域记古本三种》 向达辑 北京 中华书局 一九八一年

5.《大唐西域记校注》 季羡林等校注 北京 中华书局 一九八五年

6.《续高僧传》 唐道宣撰 《大正藏》本

7.《释迦方志》 唐道宣撰 《大正藏》本

8.《大慈恩寺三藏法师传》 唐慧立本，彦悰笺 北京 中华书局 一九八三年

9.《大唐西域求法高僧传校注》 王邦维校注 北京 中华书局 一九八八年

10.《新唐书》 北京 中华书局 标点本

11.《法显传校注》 章巽校注 上海古籍出版社 一九八五年

12.《玄奘年谱》 杨廷福编撰 北京 中华书局 一九八八年

日文部分:

1.《大唐西域记考异》 日本京都大学文科大学 一九一一年

2.《解说西域记》 堀谦德解说 东京 一九一二年

3.《大唐西域记》 小野玄妙翻译 东京 一九五九年

4.《大唐西域记の研究》 足立喜六译注 东京 一九四二至一九四三年

5.《大唐西域记》 水谷真成译注 东京 一九七九年

6.《大唐西域记》 野村耀昌翻译　东京　一九八三年

7.《慧超〈往五天竺国传〉研究》 桑山正进编　京都　一九九二年

西文部分：

1．S. Julien:

Mémoires sur les contrées occidentales, traduits du Sanscrit en Chinois, en L'An 648, par Hiouen-Thsang, et du Chinois en Français, 2 tomes, Paris, 1857—1858

Histoire de la Vie de Hiouen-Thsang et de ses Voyages dans L'lnde, depuis L'An 629 *jusqu'en* 645, par Hoeï-li et Yen-Thsong, suive de Documents et d'Eclaircissements Geographiques tires de la Relation Originale de Hiouen-Thsang, Paris, 1853

2．S. Beal:

Si-yu-ki, Buddhist Records of the Western World, 2 vols., London, 1884

The Life of Hiuen Tsiang by the Shaman Hwui Li, London, 1911

3．T. Watters:

On Yuan Chwang's Travels in India, 629—645 A.D., 2 vols., London, 1904—1905

4. A. Cunningham:

Ancient Geography of India, rev. by S. Majumdar, Culcutta, 1924, rep. Delhi, 1979

5. B. C. Law:

Historical Geography of Ancient India, Delhi, 1976

出版后记

星云大师说："我童年出家的栖霞寺里面，有一座庄严的藏经楼，楼上收藏佛经，楼下是法堂，平常如同圣地一般，戒备森严，不准亲近一步。后来好不容易有机缘进到藏经楼，见到那些经书，大都是木刻本，既没有分段也没有标点，有如天书，当然我是看不懂的。"大师忧心《大藏经》卷帙浩繁，又藏于深山宝刹，平常百姓只能望藏兴叹；藏海无边，文辞古朴，亦让人望文却步。在大师倡导主持下，集合两岸近百位学者，经五年之努力，终于编修了这部多层次、多角度、全面反映佛教文化的白话精华大藏经——《中国佛教经典宝藏》，将佛教深睿的奥义妙法通俗地再现今世，为现代人提供学佛求法的方便途径。

完整地引进《中国佛教经典宝藏》是我们的夙愿，

三年来，我们组织了简体字版的编审委员会，编订了详细精当的《编辑手册》，吸收了近二十年来佛学研究的新成果，对整套丛书重新编审编校。需要说明的是此次出版将丛书名更改为《中国佛学经典宝藏》。

佛曰：一旦起心动念，也就有了因果。三年的不懈努力，终于功德圆满。一百三十二册，精校精勘，美轮美奂。翰墨书香，融入经藏智慧；典雅庄严，裹沁着玄妙法门。我们相信，大师与经藏的智慧一定能普应于世，济助众生。

东方出版社